改善基礎講座

手間をかけず、カネをかけず、知恵を出す改善ノウハウ

日本HR協会
東澤文二 著

まえがき

日本HR協会では、改善の専門誌『創意とくふう』の創刊（1981年）以来、

◎もっとも「簡単」で

◎もっとも「わかりやすい」

◎もっとも「効果的な改善ノウハウ」

を追求してきた。

その「経過報告」が本書である。とりわけ、第8章で、詳しく説明している「改善ノウハウの**ひらがな化**」は多くの企業において、「手っとり早い改善実施」の「持続・継続→定着化→活性化」が実証されている。

☆

改善は「大変」なことではない。なぜなら、改善とは「仕事のやり方」を「大きく変える＝大変」ではなく、「小変＝小さく変える」に過ぎないからだ。

なのに、多くの会社や組織において、

「改善は苦手」

「改善はイヤ」

「改善をやらされている」

——といった声が聞かれる。

あるいは、せっかく改善活動を始めても、いつのまにか開店休業となっている企業もある。もちろん、長年にわたり改善活動を継続させて「働きやすい職

場」や「強い企業体質」を作り上げている会社もある。

その「違い」は何か。約30年にわたる「現場取材」と「現場研修」を通じて得られた結論は、

①「社員」の改善に対する「誤解」

②「会社」の改善に対する「ブレーキ」

に過ぎない――ということ。

つまり、「たかが改善」など、

①改善に対する「誤った理解＝誤解」を解く

②改善に対する「阻害要因＝ブレーキ」を解除する

――だけで、いくらでも「持続・継続→定着化→活性化デキル」ことがわかってきた。

そのことを、『創意とくふう』誌や「企業内・改善研修」、「公開・改善セミナー」、「DVD教材」などで訴え説明してきたが、その成果は受講企業の「改善活性化の実績」にて証明されている。また、毎年、主要企業を対象に実施している「改善実績調査」のデータでも、実証されている。

☆

なぜ、「改善ノウハウのひらがな化」が改善活動の「指導・推進」に威力を発揮しているのか。それは「ドロ臭い日常語」によって、**「社内・評論家」**を放逐・撲滅できるからだ。

「改善ノウハウのひらがな化」を基にした「改善研修」に対して、「高度な分析技法や改善技法の習得を期待していたのだが、その期待は、よい意味で、見事に裏切られた」といったレポートが寄せられる。

たしかに、「高度な理論」や「難解な用語」を期待していた人には「モノ足りない」かもしれない。だが、「改善力」や「改善指導力」の強化・増強には、そのような「難しい内容」は不要だ。それどころか、逆効果になりかねない。

なぜなら、「難しい理論・用語・手法」を勉強すると、みんな「社内・評論家」になってしまうからだ。「口先」だけ達者になってしまい、実際に、手や足を動かしての「改善の実施」に結びつかないからだ。

そのような「改善実施」に結びつかない「難解で高度な研修」を「社内・評論家・養成講座」と言うが、会社がワザワザ、費用までかけて「社内・評論家」を育成するほど、愚かで、ムダなことはない。

☆

たとえば、昨今、「情報共有化」などと言われているが、そのような言葉が多用されている会社では、実際のところ、「情報共有化」はなされていない。なぜなら、「評論家・社員」が、こぞって、

「我社は、情報共有化がなされていないから、ダメなんだ」

——などと嘯《うそぶ》いているからだ。

だが、実際に、情報共有化がなされている職場では、そのような「抽象的な用語」ではなく、もっとわかりやすい言葉、たとえば、「誰でもワカル化」など「具体的な言葉」が使われている。「具体的な言葉」は、「具体的な行動」に結びつく。その職場の「仕事の進捗状況」やトラブルなど「誰でもワカル化」するため、たとえば、「見える化＝視覚化」など「さまざまな工夫」がなされている。

☆

「日常的な改善」は「日常的な言葉で指導・推進すべし」という観点から、本書も「日常的な用語」で書かれている。いささかドロ臭いが、実際の、「日常的な改善の実施」には、最も役立ち、威力を発揮することは、一読いただければ、即座に「実感→納得」いただけるだろう。

これから改善活動を始める企業、あるいは、改善活動がマンネリ化している会社、あるいは改善活動のレベルアップを志向している組織において、本書を「手っとり早い改善活動」の「導入&再チャレンジ」の道具として、活用いただければ幸いである。

もくじ

まえがき

第1章　改善の「しくみ・しかけ・しそう」―― 11

1　改善を持続・継続→定着化→活性化させる　しくみ・しかけ・しそう　12
2　改善を持続・継続→定着化→活性化させる　実施→顕在化→共有化　16
3　改善の意味・定義・意義の再確認　改善の3定義とWHAT・WHY・HOW　22
4　改善＝「目的」に対するショート・カット　チャチなもの「ほど」良い改善　28

第2章　改善とは「手抜き」である―― 37

1　改善は不要からの手抜き　ムダからの手抜き　38
2　忙しいから改善　忙しい人ほど改善　42
3　改善は「大変」にアラズ　改善は「小変」なり　48
4　改善は変化対応　改善は現実対応・制約対応　56

第3章　改善の定石と方程式―― 61

1　「改善の定石」を読み取れば　「他者の改善」を「自分の改善」に応用・活用できる　62

2　「改善の方程式」は、単純・明快
ゆえに、誰でも簡単に手っとり早く気軽に手軽に改善デキル　66
3　「化」をつければ、すべて「改善の定石」　76

第4章　改善力と改善発想ノウハウ　85
1　「改善力」をつけるには「アタマの引き出し」に大量の「事例＋定石」の蓄積を　86
2　「箱詰め作業の改善」の研究「には・ナゼ・どうしたら」で「持ち上げナイ化」の改善　90
3　「順序・手順」を変えて仕事の「ラクちん化」　98
4　「逆転の発想」で行き詰まりを打破・打開　102
5　「改善の方程式」の活用「改善ドミノ」で「玉突き改善」を　108

第5章　「見える化→わかる化」の改善　113
1　「視覚化・見える化」の改善「見える化→目立つ化」で「忘れない化」　114
2　裏と表で「一目でわかる化」→「迷わない化」　122
3　たった一本の線で改善的・手抜き　126
4　簡単な改善から原理・原則・定石を学ぶ　132

第6章　「〇〇活用」の改善の定石　137
1　「活用・利用・応用」など「〇〇用」という改善の定石　138
2　機能活用の改善「機能を使いこなす」のが改善　140
3　補助具活用の改善「補助具」を活用すれば改善　146

4　補助具活用で改善「一人でデキル化」の改善　150
5　サービス活用および制度活用の改善　154

第7章　「アタリマエ」のことをアタリマエにするのが改善――161
1　アタリマエのことをアタリマエにしたら改善である　162
2　改善のＡＢＣ　Ⓐアタリマエのことを　Ⓑバカにしないで　Ⓒちゃんとヤル　168
3　アタリマエの基準は変化している　172
4　「改善報告」は「告白書」である　176

第8章　改善Ｑ＆Ａ・一発解答――183
1　Ｑ日本ＨＲ協会は「改善ノウハウ」の「ひらがな化」を提唱しているが、それはどのような意味か？　184
2　Ｑ「改善」とは、具体的に、「何」を、「どうする」ことか？　194
3　Ｑなぜ、改善はすべての「業種・職種」に共通しているのか？　196
4　Ｑ改善の「主・目的」は何ですか？　198

あとがき

第1章

改善の「しくみ・しかけ・しそう」

1 しくみ・しかけ・しそう

改善を持続・継続→定着化→活性化させる

「改善活動」を持続・継続・定着化、そして、活性化させるには、単なる「呼びかけ」ではダメ。それだけでは一時的な「打ち上げ花火」で終わってしまう。

ナニゴトも継続→定着化させるには、「しくみ・しかけ」、そして「しそう」が不可欠である。

☆

「しくみ＝仕組み」とは、「制度・規定」に関すること。「しかけ＝仕掛け」とは、その「運営・推進」である。

また、「しそう＝思想」は、改善に対する「基本的な考え方」である。

「しくみ＝改善制度」がなければ、改善は「一時的・偶発的なレベル」から抜け出せない。それでは経営戦力にはなりえない。

なぜなら、個々の「改善効果」は非常に小さいからだ。それらがポツン、ポツンと忘れたころに出てきても、あまり意味がない。

だが、「たかが改善」でも、それらが継続的になされるなら、その累積効果は膨大なものとなる。まさに、「されど改善」となる。

また、「一部の人だけ」がいくらマジメに改善に取り組んでも、やはり、経営戦力にはなりえない。

「仕事の源流」から「最前線」に至るまで、すべての過程での改善がなければ、「顧客満足」につながる品質やサービスの向上は得られない。

☆

鎖は最も弱い部分が切れるように、改善の弱いところに事故・不良・クレームなど、いろいろな不都合が発生する。それでは他の部署のせっかくの改善も、すべてブチ壊しとなる。

「一部の人の改善」や「一時的な改善」を「全社的・組織的な改善」にするには、全社的な改善の「しくみ」が必要だ。

今日、多くの会社が改善制度という「しくみ」を設けているのは、ひとえに「全社的な改善」を継続的に展開するためである。それによって、はじめて「改善の威力」を享受することがで

しくみ
仕組＝制度
しかけ
仕掛＝推進
しそう
思想＝思考

きるからだ。

「理解→納得」への働きかけ

もちろん、いくら「しくみ＝制度」をつくっても、それを運営し、稼働させなければ何も得られない。「しくみ」だけでは何も生み出さない。

「しくみ」をフルに稼働させるには、社員への充分な「働きかけ＝しかけ」が必要である。

しかも、それは単に、

「改善を出せ、出せ」

「改善をしてくれ」

と言うだけではダメ。

また、いくら賞金（奨金）を高くしても、あまり効果はない。それだけでは、逆効果となり、改善活動の停滞を招くことにもなりかねない。

手や足を動かすだけの単純労働なら、「アメとムチ」の使い分けで生産性を上げることも可能だろう。手や足ならば、外的な力で動かすことができるからだ。

☆

だが、「改善」は小さなことと言えども、「気づく・考える・くふうする」などの「頭脳労働」を伴うものだ。

人間のアタマは、本人がその気にならなければ働かない。外的力だけでは「気づき」や「くふう」をもたらすことはできない。

それゆえ、

「なぜ、何のための改善か」

「誰のための改善か」

などに関しての「理解と納得」が絶対に欠かせない。

それを疎かにしていたのでは、社員の改善意欲を引き出すことはできない。なぜなら、人間は自分が納得していないことには意欲的に取り組もうとはしないからだ

また、一度、理解したからといってそのまま放置していたのでは、モチベーションは低下していく。

その後の「認め、褒め、励ます――」など日常的な動機づけや継続的な働きかけがなければ、意欲を維持することはできない。

せっかく改善しても、それに対する的確なフィードバックがなければ、意欲を向上させることはできない。

具体的ノウハウが不可欠

社員への「働きかけ＝しかけ」といっても、ただ単に「やる気」をかき立てるだけの研修ではダメ。

それだけでは精神論に過ぎない。具体性のない「働きかけ」では、「やる気のカラ回り」となる。それでは改善を持続させることはできない。

どうすれば改善ができるか――という「具体的な方法」がなければ、改善の「実施→継続→定着化」には結びつかない。

各人の、

①ヘッド（頭＝思考）
②ハート（心＝意欲）
③ハンド（手＝方法）

という「3つのH」への「働きかけ」が必要である。

意欲だけではカラ回りする。しかし、それに「具体的な方法」が伴えば、実施に結びつく。

改善実施による「達成感」は、次の改善につながる。その繰り返しによって、改善の「意欲と能力」はさらに開発され、さらなる改善につながっていく。

改善活動の「しかけ＝推進」とは、各人の「3つのHに対する働きかけ」であり、それによって改善の定着化や活性化、改善の拡大再生産を図るものである。

「改善の思想」の明確化

「理解と納得」を伴う「働きかけ」をするには、改善に対する「しそう＝思想」を明確にしなければならない。

まかり間違っても、

3つのHへの
働きかけ
Head
思考・考え方
Hand
技術・方法
Heart
心・意欲

「他社がやっているから――」

「改善で小遣い稼ぎになる――」

などといったレベルのことを言ってはならない。

そのような考え方では、改善に対する「理解と納得」を得ることはできない。それどころか、反発・反感による逆効果にもなりかねない。

☆

改善の定着化には、「しくみ・しかけ」、そして「しそう」が不可欠である。

だが、それらは、けっして大袈裟なものでも、複雑なものでもない。

改善は簡単なものである。それゆえ、改善の「しくみ・しかけ＝制度&運営」も簡単・簡潔でなければならない。

「たかが改善」の「しそう＝思想」も、けっして大層なものではない。それもまた、きわめて単純明快である。

2 実施→顕在化→共有化

改善を持続・継続→定着化→活性化させる

「改善」を簡単に言えば、

＊手間をかけず
＊カネをかけず
＊知恵を出す

ということだ。

カネと時間がいくらでもあれば、何でもデキル。だが、世の中はそんなに甘いものではない。

現実には、必ず制約がある。我々の仕事や人生においても、カネ・時間・人手――など、けっして無制限にあるわけではない。

その制約の中で、何かを実施・実現させようとすれば、必然的に、手間をかけず、カネをかけず、知恵を出さなければならない。

実施重視の改善制度

では、「知恵を出す改善」を持続・継続→定着化、そして活性化させるには、どうすればいいか。

まず、第一に必要なこと、それは「改善の実施」である。改善において最も重要なこと、それはなんといっても「実施」である。

旧来の「提案制度」のように、

「ああしたらいい――」
「こうしたらいい――」

と言うだけではラチがあかない。

多くの会社がイヤというほど経験してきたことだが、ほとんどの提案に対して、

「検討します」

という常套句が連発され、いっこうに実施に結びつかない。

ゆえに、今日、多くの会社では、「実施型・改善報告制度」に移行している。

自分の「仕事のやり方」をデキル範囲で工夫し、それを簡単に書き出すという「実施型・改善報告制度」が主流となっている。

たとえ、制度の名称に「提案」という用語が使われていても、実質的には完全に「実施型・改善報告制度」となっている。

「ワタシ言う人、アナタやる人」と

改善＝現実対応
手間をかけず
カネをかけず
知恵を出す
改善＝現実対応

いう「アナタ任せの提案制度」は、もはや完全に時代遅れ、つまり、「歴史的な遺物」となっている。

このことは、日本HR協会が毎年、全国の主要企業を対象に実施している「改善活動実績調査データ」によっても実証されている。

「やりっ放し」の防止

もっとも、「改善の実施」そのものは結構なされているものだ。とりたてて改善制度などがなくても、どの職場でも、各人が、自分の仕事をやりやすくするため、「ちょっとした工夫」をしている。

だが、それらの大半は、「やりっ放し」になっている。それゆえ、「その時だけの改善」、あるいは、「その人だけの改善」で終わっている。

そのため、改善が「やりっ放し」になっている職場や会社では、改善が続かない、改善が拡がらない——という問題をかかえている。

☆

ナニゴトも「ぱなし＝放し」はダメ。旧来の「提案制度」では、せっかくのアイデアも「言いっ放し」だったので、実施につながらなかった。

　そこで実施重視の「実施型・改善制度」に移行してきた。だが、改善を実施しても、それらを「やりっ放し」にしていたのではダメ。それでは次につながらない。

　次から次に改善がなされている会社では、「せっかくの改善」を「やりっ放し」にしないで、「ちょっと書き出す」という「改善の顕在化」がなされている。

　もちろん、それも「書きっ放し」ではダメ。それでは紙と時間のムダ使いに過ぎない。

　ところが改善の活発な会社では、「書き出された改善」を、

①貼る
②配る
③紹介する
④発表する

——など「共有化」を図っている。

　すると、それらがヒントになり、参考になり、刺激になって、次の改善につながっている。

　また、「ある職場の改善」は「他の職場」に影響を与え、改善の輪が広がり、全社的な改善活動へ発展している。

「ぱなし」防止装置

つまり、改善活動の「しくみ＝制度」とは、「ぱなし＝放し」を防止するためのシステムである。

　旧来の「提案制度」は、社員が考えていることやアイデアを「思いっ放し」にしないで、「提案＝案を提起・提出・提供」してもらうものであった。

　それによって、各人が問題に対しイロイロ考えたり、アイデアを持っていることを知ることができた。

「提案制度」とは、社員の「思いっ放し」を防止し、それを引っ張り出すための「しくみ」であった。

　ゆえに、「提案制度」は、

＊社員の声に耳を傾ける
＊社員の意見を聞く
＊社員のアイデアを引き出す

——という意味では、非常に有意義なものであった。

　また、かつては、それなりの成果をもたらしていたものである。だが、提案されたものを、

①審査会で検討
②採否を決定
③それから実施

——などという「牧歌的なやり方」は、「変化の激しい時代」には通用しなくなってきた。

　しかも、いったん提案されたものは提案者の手を離れるので、どうしても「言いっ放し」とならざるをえなかった。そのため、あまり実施につながらなかったのである。

　一方、「実施型・改善制度」は、「提

案のやりっ放し」でなく、デキル範囲での「実施」を奨励するものだ。つまり、「言いっ放し」を防止する「しくみ」である。

しかも、「実施型・改善制度」はそれだけではない。実施された改善を「やりっ放し」にしないで、「簡単に顕在化」、さらに、それらを「共有化」することによって、次の改善に結びつける「しくみ」でもある。

つまり、「実施型・改善制度」は、

①思いっ放し
②言いっ放し
③やりっ放し
④書きっ放し

——などの「ぱなし＝放し」を防止するための装置である。

それよって、「一時的な改善」を「持続・継続的な改善」に、あるいは、「一部の人の改善」を「全社的・組織的な改善」に定着化、さらに活性化させ、もっと発展させることができる。

と言っても、それは複雑なものでは

ない。改善推進のための「しくみ＝改善制度」は、次の3項目から成り立っているに過ぎない。

①実施
②顕在化
③共有化

要するに、
①デキルことは即、実施
②やりっ放しにしないで書き出す
③事例を共有化する
――だけである。

☆

ただし、「しくみ＝制度」を制定しただけでは、改善の定着化→活性化は得られない。

制度も「つくりっ放し」ではダメ。それを機能させ、成果を得るには、運営・推進という「しかけ」が必要である。

改善の推進には、「実施→顕在化→共有化」が必要なことはわかった。だが、モノゴトはわかっただけでは進まない。そのための「具体的方法」が必

しかけ。
(運転)
しくみ
(自動車)
しくみだけでは動かない。
しくみを動かすには
しかけが必要
しくみ=制度・規定・装置・設備…など
しかけ=運営・運転・推進・働きかけ…など

要だ。

すなわち、

①どうすれば実施できるか

②どうすれば顕在化できるか

③どうすれば共有化できるか

しかも、それは手間のかかるものではダメ。改善は、手っとり早さを重視する。

ゆえに、改善推進も手っとり早いものでなければならない。

「改善推進のノウハウ」とは、つまり、

①手っとり早い実施ノウハウ

②手っとり早い顕在化ノウハウ

③手っとり早い共有化ノウハウ

に他ならない。

「改善テキスト」や「改善セミナー」、あるいは「企業内・改善研修」などというものは、この3つの「具体的な方法」をさまざまな事例を駆使しながら、手を変え、品を変え、角度を変えて、いろいろ解説・説明しているに過ぎない。

3

改善の3定義とWHAT・WHY・HOW

改善の意味・定義・意義の再確認

改善の「しくみ・しかけ・しそう」、あるいは「実施→顕在化→共有化」など、改善推進の原理・原則・ノウハウを説明する前に、確認しておかなければならないことがある。

それは、

「改善とは何か」

「改善の意味は？」

「改善とはどういうことか」

ということである。

これは非常に大事なことである。なぜなら、改善の「意味・定義」の食い違いが、すべての「食い違い・スレ違い・誤解・混乱」をもたらしているからだ。

「カイゼン＝改善」という言葉は、誰もが知っている。最近では世界中に通用しているので、少なくともビジネス関係者なら世界中の人が知っている。

☆

だが、「言葉」を知っていることと、その「意味」を理解しているということは全く別である。

その証拠に、いろいろな人に、

「改善とは何か」

と聞いてみるといい。

人それぞれに、さまざまな回答が得られる。つまり、「改善」という言葉は誰もが知っているが、それぞれ異なる意味に理解され、使われている。

もちろん、日常的な会話なら、それでもいいだろう。誰も、すべての言葉の意味を正確に定義して使っているわけではない。お互いになんとなく通じ合えばいい。日常会話では誤解も理解のうちである。

改善のWHAT・WHY・HOW

だが、全社員に呼びかけ、組織的に展開する改善では、言葉の意味の食い違いは不都合をもたらす。

たとえば、ある人が、

「改善とはこのようなもの」

と考えて改善したところ、

「こんなものは改善ではない」

と言われ、すっかりやる気をなくしたという話も多い。

　そのような「食い違い」による不幸・不都合を防ぐには、改善の意味・定義を明確にしておかなければならない。

☆

　それゆえ、改善研修では、まず、

①ＷＨＡＴ：改善とは何か

を確認する。

　そして、次に、

②ＷＨＹ：なぜ、何のための改善か

を考察する。

　これも大事なことである。なぜなら、人間は自分が納得していないことには真剣に取り組もうとしないからだ。

　ＷＨＹの納得がなければ、誰もが、

「なんで、改善しなければ――」

などブツブツ言い出す。これでは良いアイデアは出てこない。

　改善の「ＷＨＡＴ」と「ＷＨＹ」を理解→納得した後に、

③ＨＯＷ：改善実施の方法

つまり、「どうすれば改善できるか」ということを研究する。

☆

一般的に、改善は読んで字の如く「善く改めること」と説明されている。通常なら、その程度でいいだろう。お互いに、なんとなくわかればいい。

だが、企業における業務改善には、明確な定義が必要だ。ビジネス用語としての「改善」は、次の3項目で定義されている。それらを順次、説明していこう。

①手段選択・方法変更
②小変（大変にアラズ）
③制約対応

改善とは「手抜き」なり

「改善とは何か」と聞かれたら、まず、第一に、迷うことなく、
「手抜きである」
と答えればいい。これが最もわかりやすい定義である。

今日、多くの会社で改善活動がなされているということは、全社をあげて、「手抜き運動」を展開しているということである。

社員の一人ひとりに、
「手を抜け、手を抜け」
「仕事の手を抜け」
というのが改善活動である。

また、「改善研修」も数多く実施されているが、それは、
「気合いを入れて、手を抜け！」
「真剣に、手を抜け」
ということに他ならない。

「手抜きが足らない。だから、仕事がうまくいかないのだ。そのため不都合が発生しているのだ。

もっと、マジメに、真剣に、本気で、仕事の手抜きに取り組んでくれ」
というのが、改善研修の主旨である。

改善とサボリの違い

だが、「改善とは手抜きである」と説明すると、猛烈な反発を受ける。
「冗談じゃない。手抜きして事故や不良品が発生したらどうするのだ。

お客さんに迷惑をかける。手抜きなんて、トンデモないことだ——」
という声が出てくる。

たしかに、単なる「手抜き」をするとトンデモないことになる。ゆえに、ひとつだけ条件がつく、それは「やり方を変える」ということだ。

「やり方を変えての手抜き」、これが改善の第一定義である。必ず、「やり方の変更」がなければならない。

「やり方・方法」の変更を伴わない手抜きは改善ではない。それは「サボリ」に過ぎない。

では、「サボリ」と「改善」はどう違うのか。わかりやすいのは「重い荷物の運び方」の事例だろう。

荷物を運ぶのを仕事にしている人が「荷物が重い」からと言って、それをやめてしまったら、仕事にならない。それは「サボリ」である。

ところが、改善をする人は、

「もっと、ラクに運べないか」

「もっと、早く運べないか」

「もっと、安全に運べないか」

と考え、「運び方」を変えようとする。


すると、台車やコロを使うというアイデアが出てくる。

そのように「やり方」を変更すれば、ラクに、早く、安全に運ぶことができる。これが「やり方を変えての手抜き」である。

このように、「やり方」を変えて仕事がラクになったという、簡単でわかりやすい事例を示せば、誰でも「改善」と「サボリ」との違い、あるいは「やり方を変えての手抜き」という意味が理解できるだろう。

☆

だが、それと同時に、

「やり方を変えて――ということはわかった。だが、手抜きという言葉は良くないのではないか」

という声も出てくる。

改善
やり方カエル

さぼり
やり方カエズ

しんどい
あぶない
遅い
消極的

手抜き

ラクに 安全に 早く

たしかに、「手抜き」という言葉に抵抗を感じる人は多い。

今まで、

「手抜きするな」

「手抜きしてはならない」

と言われてきたので、

「手抜き＝悪いこと」

という思考回路が、できあがっているからだろう。

なのに、なぜ、ワザワザ、敢えて、「手抜き」という誤解を招きやすい言葉を使うのか。

それには理由がある。それは改善に対する誤解を解くためだ。

改善は「余計なこと」にアラズ

改善に対して、いろいろな誤解があるが、第一の誤解は、

「改善とは、通常の仕事とは別の、余計なこと」

というものだろう。

そのように考えている人に、

「改善しよう」

「改善してくれ」

と呼びかけると、

「なんで、余計なことをしなければならないのか――」

という反応が出てくる。

あるいは、

「それどころではない」

「忙しくて、改善どころではない」

などと言い出す。

ところが、改善は「余計なこと」をすることではない。逆に、余計なことから「手を抜く」のが改善である。

そのことを強調するため、敢えて「手抜き」という言葉を前面に押し出しているのだ。

改善とは、けっして「余計な手間」をかけることではない。逆に、「余計な手間を抜く」のが「改善＝手抜き」である。

4

チャチなもの「ほど」良い改善

改善＝「目的」に対するショート・カット

改善に対する第二の誤解は、「スゴイこと」「大掛かりなこと」というものだろう。

これも、まったく逆である。「大変なこと・大掛かりなこと」や、「スゴイこと」から「手を抜く」のが改善である。

そのような誤解を粉砕するには、**「チャチなものほど、良い改善」**というフレーズが有効だろう。

これはけっして、「チャチなもの**でも**、良い改善」ではない。あくまでも「**ほど**」である。「チャチなもの」のほうが、改善としての価値は高いのだ。

ただし、このようなことは「言葉の説明」ではなかなか理解されない。「言葉だけ」では「カラ回り」して、「実感→理解→納得」に至らない。

そこで、やはり、簡単で、誰もが知っているような、わかりやすい具体的事例で説明しよう。

そうすれば、本当に「チャチなものほど良い改善」か、どうか「実感→理解→納得」してもらえるだろう。

とにかく、具体的事例で迫るのが改善的な説明法・説得法である。

摩耗・平準化の方法

たとえば、「電車のパンタグラフの事例」はどうだろうか。

新幹線などの電車はパンタグラフを架線（電線）に押し当て、電気を取り入れ、それでモーターを回している。

高速で、しかも火花を散らしながら走っているので、架線との接触箇所は激しく摩耗する。

それがいつも「同じ箇所」だと、深くえぐれたり、破損してしまい、スグ交換しなければならない。

他の部分は全く無傷なのに、一箇所破損しただけで、パンタグラフ全体を取り換えるなどムダである。

そのようなムダを避けるには、架線との接触を平準化して、摩耗を平準化しなければならない。

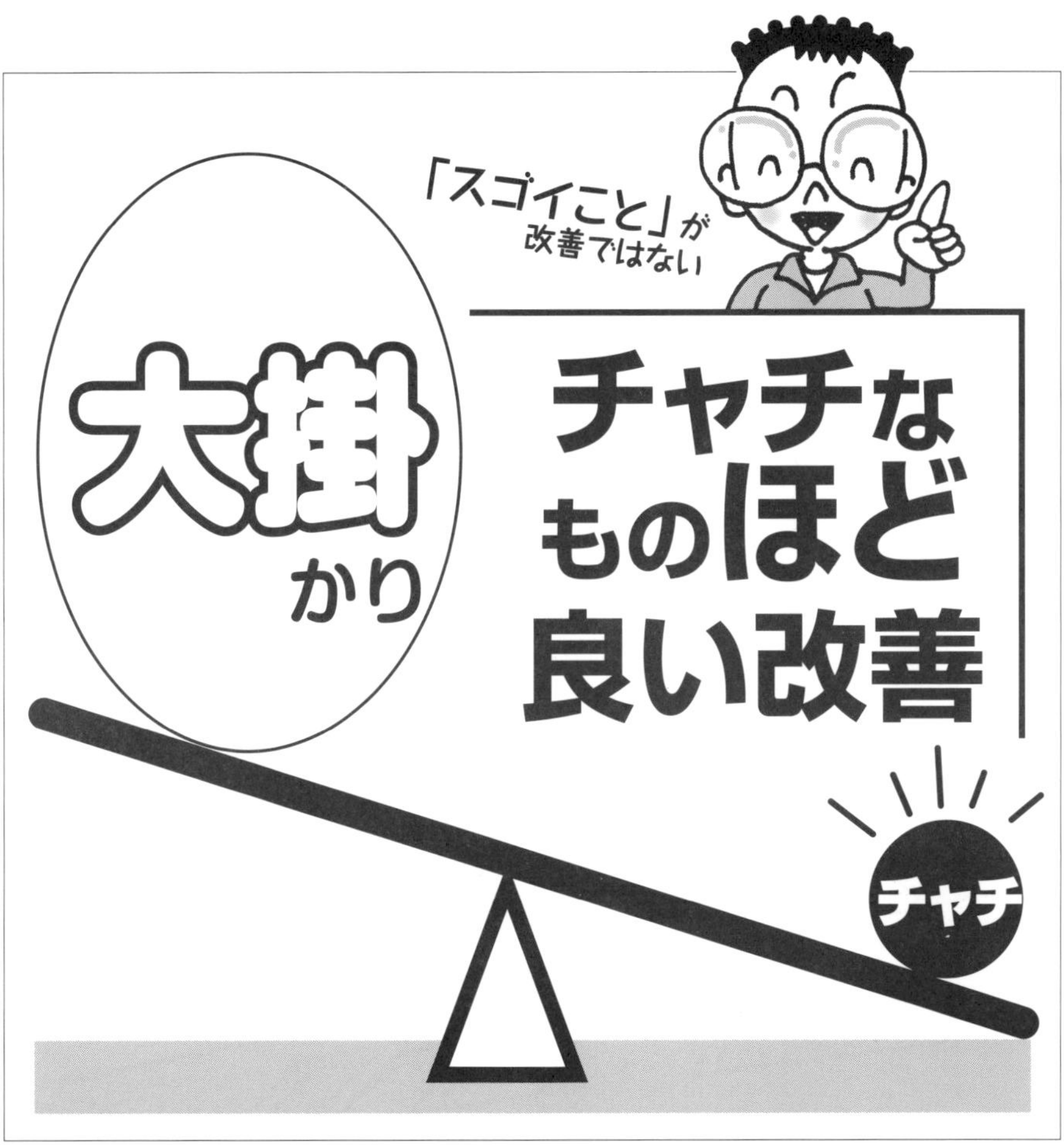
「スゴイこと」が
改善ではない
大掛かり
チャチなものほど良い改善
チャチ

☆

では、パンタグラフが同じ箇所だけでなく、まんべんなく電線に接触するようにするは、どうすればいいだろうか。

電線を動かすかパンタグラフを動かすか

ある人は、

「電線を左右に揺さぶればいい」

と言うだろう。

たしかに、それでも接触の平準化はできる。だが、実際はどうだろう。膨大な設備が必要となる。全路線にわたって、電線を揺さぶる装置を設置しなければならない。

そこで、別の人は、

「電線は静止させておいて、代わりに、パンタグラフを左右に移動させれば、いいではないか」

と言う。

これでも平準化できる。しかも、電

電線を動かすか
パンタグラフを動かすか
安全

線を揺さぶるのに比べると、それほど大掛かりな設備はいらない。

　だが、高速で走行する電車のパンタグラフを常時、左右に移動させるのは技術的に大変だ。

　そこで、もっとカシコイ人は、

「電線もパンタグラフも、動かさなくていい。その代わり、電線を斜めに張ったらどうか――」

と言う。

　つまり、線路と平行ではなく、少し角度を持たせて架線しようというアイデアである。上から見るとジグザクになるように架線するのだ。

　そうすると、パンタグラフと電線の接点はどうなるだろうか、電車が移動するにつれて、その接点も自動的に移動していく。

　つまり、特別な装置も何もいらない。放っておいても、接触箇所は移動するので、それに伴って、パンタグラフの摩耗も平準化される。

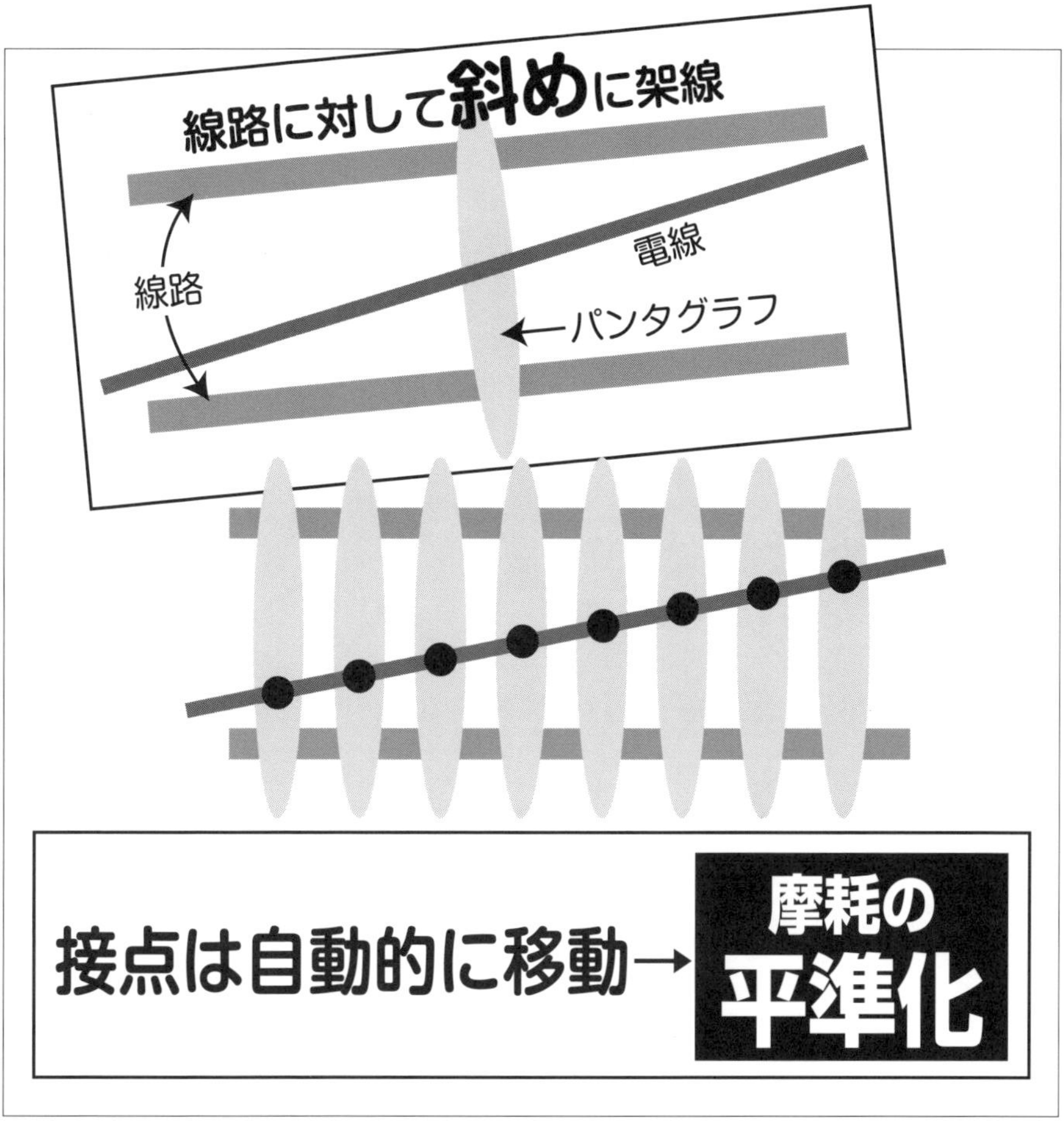

「より簡単な方法」の追求

さて、今、「接触&摩耗の平準化」のために、次の「3つのアイデア」が出てきた。

①電線を動かす
②パンタグラフを動かす
③電線を斜めに張る

これらのアイデアをアナタが審査するとしたら、どれを最も高く評価するだろうか。

おそらく、誰もが③と言うだろう。ナゼか。それは③が「最もチャチだから」ではないだろうか。

なにしろ、「斜めに張るだけ」なので最も簡単だ。それなのに「接触&摩耗の平準化」という「目的」がちゃんと達成されている。

それに比べると、
①電線を動かす
②パンタグラフを動かす
などはスゴイ設備や高度の技術が必要

となり「大変」だ。

ゆえに、そのような愚かなことをやっている鉄道会社は世界中どこを探してもない。

どの鉄道会社も、電線を「斜めに張る」という最も簡単な、つまり、「最もチャチな方法」を採用している。

それは「チャチなものほど良い改善」であることの「証拠のひとつ」と言ってもいいだろう。

☆

このように「改善」とは、けっして、「大掛かりなこと・スゴイこと・大変なこと」ではない。

逆に、「より簡単な方法」を追求するのが改善である。なるべく、手間をかけず、カネをかけないのが、より良い改善である。

「手抜き」ということを英語に翻訳する場合、「ショート・カット」という言葉を使う。直訳すれば「近道」だ。

パソコンでもショート・カットという用語が使われているが、それは手間

V＝効果／銭×時間
銭 時間
銭と時間が小さくなるほど
Vが大きくなる
Value=改善の価値

のかかる操作をワン・クリックでできるようにしたもの。

目的とするフォルダやファイルを、一発で開いたり操作するための「近道」が、ショート・カットである。

「改善の価値」の公式

「チャチなものほど良い改善」ということを理論的に説明するには、「改善の価値の公式」が役に立つ。

「改善の価値」はどのように算出されるのだろうか。それは、

V＝効果÷（銭×時間）

という公式である。

改善の「効果」は、大きいにこしたことはない。だが、改善は「効果の大きさ」にはあまりとらわれない。それよりも、

「いかにカネをかけないか」
「いかに手間をかけないか」

を重視する。

この公式は「効果の大きさ」が同じ

なら、「時間」や「銭」がかかるほど、「改善の価値」はどんどん下落していくことを示している。

逆に、効果は小さくても、

「あまり時間がかからない」

「あまりカネがかからない」

のなら、「改善の価値」が増加することを意味している。

この公式の（銭×時間）をひとまとめに「コスト」と考えて、

V＝効果÷コスト（費用）

と表示することもできる。

☆

だが、コスト（費用）というと、とかく「カネのかかること」だけに注目されがちで、ともすると「時間」という要素が疎かになるおそれがある。

改善では、「時間」を軽視してはならない。なぜなら、改善は「手っとり早さ」を最も重視するからだ。手っとり早さこそ、改善の命だからである。

「大変」の場合には、いくら時間をかけても、金をかけても構わない。それを「上回る効果」を得ることができれば、それでいい。

だが、「改善＝小変」はそうではない。ちょっとした工夫ゆえ、ほとんどの効果はたいしたものではない。

ゆえに、「効果の大きさ」ではなく、とにかく、とりあえず、目前の問題に素早く対処する「手っとり早さ」を最優先させる。

「余計なこと」からの手抜き

このように説明しても、それでもまだ「手抜き」という言葉に抵抗を覚える人もいるだろう。

そのような人は、言葉を補足して、

「**余計なことから**の手抜き」

「**不要なことから**の手抜き」

「**ムダから**の手抜き」

と考えたらどうだろうか。

改善における「手抜き」は、けっして、ナンでもカンでも手抜きせよというのではない。あくまでも「余計こと、不要なこと、ムダなことからの手抜き」という意味である。

それでもマジメな人は、やはり「手抜き」という言葉への抵抗を拭えないかもしれない。

だが、マジメな人は「マジメに手抜き」をすればいいのだ。改善はけっして「不マジメな手抜き」ではない。

自分の仕事における「必要なこと」と「不要なこと」をきちんと見極めた手抜きである。「マジメで真剣な判断」を伴う手抜きである。

つまり、「改善における手抜き」とは、

・マジメな手抜き

・真剣な手抜き

である。

それを一言で表現するなら、

「気合いを入れて手を抜け」

ということである。

改善の3定義

1) 手段選択・方法変更

①仕事の「やり方」を変えること
②「やり方」を変えての「手抜き」
③仕事の「目的」を、「より良く」達成するための「より良い手段の選択」、あるいは「より良い方法への変更」

＊「やり方の変更」がなければ、「改善」ではない（修繕）
＊「目的」に合致した手抜き、「目的」を意識した手抜き
＊「目的」に反する変更は「改善」ではない（サボリ・改悪）

2)「大変」でなく「小変」

①「仕事のやり方」を小さく、少しずつ変えること
②各人の「権限と能力の範囲内」での変更・選択
③「小変」ゆえ、「手っとり早さ」＆「継続」が不可欠

＊「大変」＝大きく変える＝改革・変革・革新
＊「小変」ゆえ、気楽に、手軽に、とりあえず着手
＊「小変」ゆえ、わかりやす化＝「ひらがな用語」が勧められる

3) 制約対応・現実対応

①現実的・制約の中での実施
②手間をかけず、カネをかけず、知恵を出す
③忙しいから改善、忙しい人ほど改善

＊カネ・時間があれば改善は不要（ヒマなら改善は不要）
＊制約があるから改善→それを乗り越えるため知恵を出す
＊改善能力＝制約対応能力（制約対応ノウハウ）
◎改善ノウハウ＝分別・区別・分割・細分化

第2章

改善とは「手抜き」である

1 改善は不要からの手抜き ムダからの手抜き

改善とは、「手抜き」である。だが、それは単なる「手抜き」ではない。あくまでも、「不要」からの手抜きである。

「不要なこと」から手を抜き、必要なことは、

・ゆっくり
・たっぷり
・じっくり

――やるのが「改善」である。

なぜなら、「不要なこと」から手を抜かなければ、肝心なことに手が回らなくなるからだ。

「改善＝不要からの手抜き」をしない人は、どうでもいいことに多大な時間を費やして、肝心なこと、重要なことが手抜きになっている。

たとえば、夜遅くまで、パソコンに向かって残業している人がいる。いったい、何をしているのかと聞くと、

「顧客名簿を作成しています」

と言って、一件一件、入力している。

だが、それら基本的な顧客情報なら売上げデータ・ファイルなどに保存されている。それらを転用すれば、何もワザワザ同じデータを入力しなくてもいいハズだが――。

そのように指摘すると、

「ああ、そうですか。しかし、今までこうしてきましたから、このやり方でもうひとガンバリします」

と言って、「より簡単な方法」があるのに、それには関心すら示さない。

この人は「やらなくてもいいこと」に多くの時間を取られ、本当にやらなければならないことには手が回らない。

そのため、お客さんや周りの人に多大な迷惑をかけている。そのような「アホなこと」から「手を抜け」というのが改善である。

必要なことは ゆっくり、たっぷり

ナンでもカンでも手を抜けというのではない。「不要なこと」から手を抜いて、「必要なこと」はじっくり、

たっぷり、ゆっくり――メリハリのある働き方を奨励しているのだ。

そうしなければ、どうなるか。ダラダラ夜遅くまでの残業が続くことになる。もっとも、昔はそのような働き方が称賛されていた。

「夜遅くまで、頑張っているね」

「毎晩、遅くまで、御苦労さん」

などと言われていたものだ。

☆

だが、今日は、そのような働き方は受け入れられない。なぜなら、今は、どの会社も「少ない人間」で「より多くの仕事」をしなければならない時代だからである。

もはや「社員」は、そんなに増やせない。だが、その一方で、仕事量はドンドン増える。多様化、増大する顧客の要求に対応するには、少ない人間で、今まで以上の仕事をこなさなければならない。

このような時代に、「どうでもいいこと」や「非能率的な仕事のやり方」

不要から手抜きしないと肝心なことが手抜きになる

をいつまでも続けられては困る。もはや、そのような「働き方」は通用しなくなっている。

これが、今日、どの会社でも、

「やり方を変えての手抜き」

「不要なことからの手抜き」

という「改善」が不可欠となっている理由である。

不要からの手抜き ムダからの手抜き

もっとも、多くの人は今まで、

「手抜きするな」

「手抜きしてはならない」

と教えられてきたハズだ。

それゆえ、いきなり「手抜き」と言われると、とまどい、あるいは抵抗を感じる人もいるだろう。

そのような人は、

「手抜き＝手を抜く」

と分解してみればいい。

もちろん、それは「必要なこと・重

少ない人間でより多くの仕事をするには
不要と必要を区別しなければならない
不要
必要
メリハリのある手抜き

要なこと」から「手を抜く」ということではない。

あくまでも、

・「ムダ」からの手抜き
・「不要」からの手抜き
・「過剰」からの手抜き
・「余計なこと」からの手抜き

であることは言うまでもない。

☆

また、「手抜き」という言葉への抵抗や誤解を防ぐには、次のように、形容・補足することも勧められる。

・真剣な手抜き
・マジメな手抜き
・責任のある手抜き
・目的を意識した手抜き
・気合いを入れた手抜き

――これらは改善というものが、「必要」と「不要」を区別した「メリハリのある手抜き」であること示している。

2 忙しいから改善 忙しい人ほど改善

改善の必要性を説明すると、必ずといっていいほど、

「改善が必要なのはワカった。しかし、忙しくて、とても、改善までは手が回らない。改善どころではない」

という声が出てくる。

まるで、打てば響くように、

「忙しいから、改善デキナイ」
「時間がないから、改善デキナイ」

という反応が出てくる。

だが、改善というものは忙しいからするものだ。ヒマなら、改善などする必要はない。ヒマにまかせて、ダラダラ非効率的な仕事をやっていればいい。

実際に、「忙しい人」ほど、常に、「仕事のやり方」を工夫している。改善しなければ、押し寄せてくる仕事に対応できないからだ。

「不要なこと・ムダなこと」などいつまでもやっていられない。それらから手を抜き、

「必要なこと・重要なこと」

を優先的にしなければ、仕事が回らないからだ。

☆

もし、

「忙しいから、改善デキナイ」
「時間がないから、改善デキナイ」

と言う人がいたら、

「ヒマな時、改善していたか」
「時間がある時、改善していたか」

と尋ねてみるといい。

その一言でイチコロだ。なぜなら、世の中には「ヒマだから、改善しよう」という人間はいないからだ。

人間は、ヒマになると余計なことを始めるものだ。特に、日本人はヒマそうにしていると、なにかしら肩身の狭い思いをする。

ゆえに、常に、「忙しいフリ」をしている。だから、ヒマになればなるほど、余計なことをやっている。

「増やす」は改善にアラズ

「忙しいから、改善デキナイ」
「時間がないから、改善デキナイ」

忙しいから改善・忙しい人ほど改善
忙しいから改善デキナイ
ヒマな時改善していたか？
KAIZEN
ヒマなら改善は不要
ヒマな人は改善しない

など言う人は、改善というものを、

「仕事とは別の、余計なこと」

と考えている。

たしかに、「余計なこと」をするには、「余計な時間」がかかる。

だから、

「忙しいから、改善デキナイ」

「時間がないから、改善デキナイ」

などの「言い訳」が出てくるのだろう。

☆

だが、改善は「余計なこと」をすることではない。逆に、「余計なことからの手抜き」である。

改善の3原則は「やめる・へらす・カエル」だが、そこには「増やす」とか、「余計なことをする」などということは含まれていない。

なぜなら、モノゴトは増やせば増やすほど、複雑・煩雑になり、改悪になるからだ。要素が増えれば増えるほど、余計な手間がかかり、間違いも増える。

それは改善ではない。

一方、ムダなこと、不要なことをヤ

メたり、ヘラせば、それだけモノゴトは簡潔化・簡素化される。余計な手間を省くことができる。また、間違いも減る。それが改善である。

☆

ところが、世の中には、改善というものを「増やす」ことだと勘違いしている人がいる。ナンでもカンでも、より多く、より多く——と、増やせば増やすほど、良くなると考えている。

だが、実際はどうだろうか。たとえば、説明書や注意書など、項目や文章を増やせば増やすほど、肝心なことが伝わらなくなる。

むしろ、「重要なこと」に絞り込み、簡素化するほうが、はるかにわかりやすく、必要なことが正確・的確に伝わる。

もちろん、やみくもに減らせば良いというものではない。状況に応じて、取捨選択しなければならない。

改善には、「判断」が必要である。仕事には、「絶対に手抜きをしてはな

判断
手抜き
OK
手抜き
NO
改善には判断が必要
改善=判断力を鍛えるOJT

らない」というものがある。たとえば、品質や安全――など。

改善は、そのようなものから「手を抜け」というのではない。それらは手抜きせず、真剣に、マジメに、しっかりやらなければならない。

だが、仕事のすべてがそうではない。仕事の中には、

・やらなくてもいい
・どうでもいい
・後回しでもいい

――といった部分もある。

昔は必要だったことも、世の中の変化とともに、不要となっているものもある。

☆

ところが、「判断シナイ人」や「判断デキナイ人」は、すでに不要になっていることを、

「昔からやっているから――」
「このように指示されたから――」

などと、いつまでもやっている。

それは、けっしてマジメな取り組み

こうするように
指示されましたから…
ああ忙しい
以前から
こうしていましたから…
大変だ
大変だ

ではない。判断を放棄して、単にダラダラと惰性で働いているだけの「怠け者」に過ぎない。

☆

品質や安全など重要なこと、あるいは仕事の「目的」からは手抜きしてはならない。そのため、より簡単で、より安全で、よりやりやすい方法に変えていかなければならない。

ところが、改善しない人は、「仕事のやり方」から手抜きしようとしない。複雑で、手間のかかる方法をいつまでも続けている。

そのため品質や安全など重要なことが手抜きになり、不良やクレームの続出、事故多発という状況を招いている。これが改善をしない愚かな人の仕事のやり方である。

目的をより良く達成するための手抜き

仕事には、必ず「任務目的」や「業

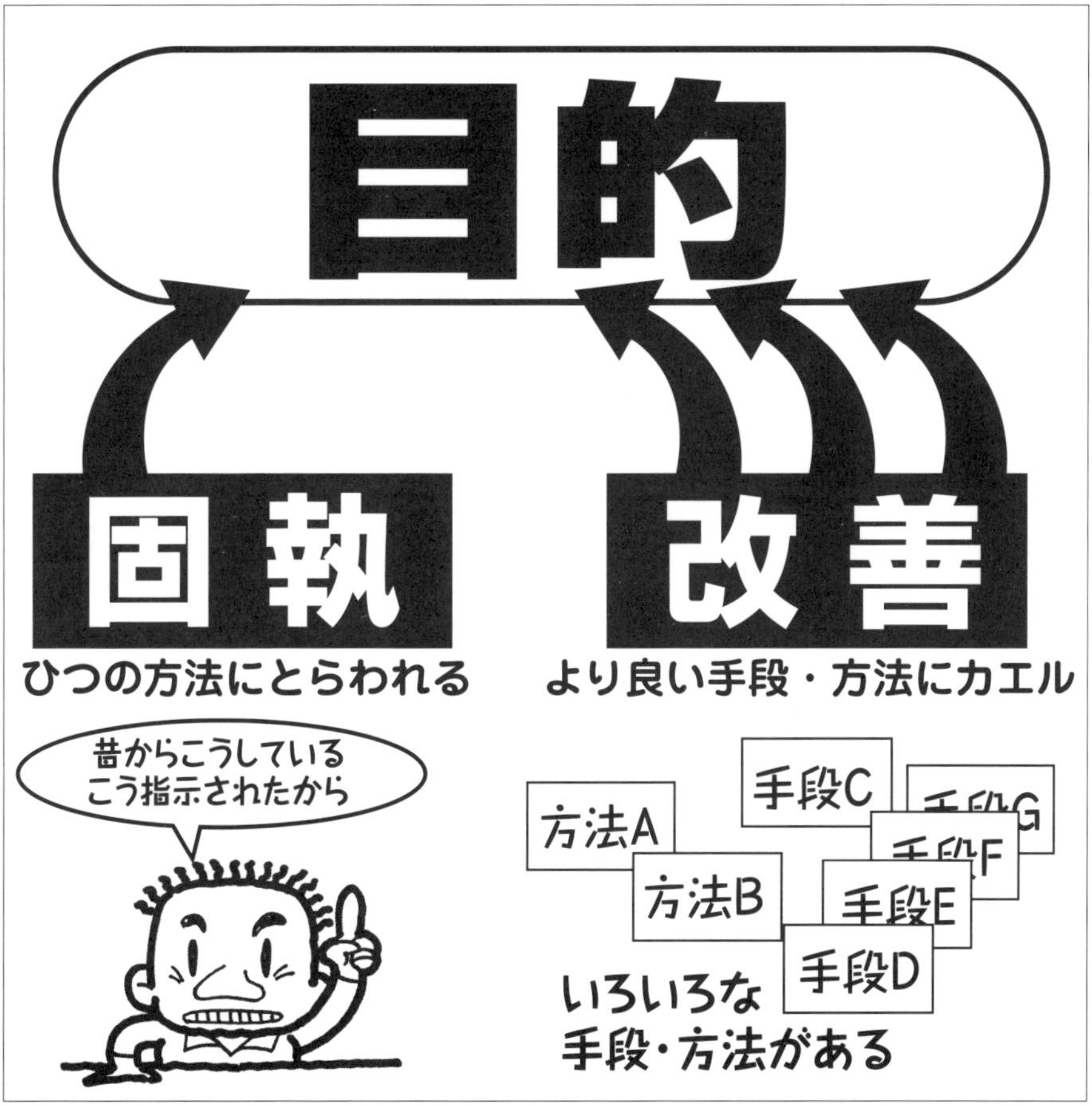
目的
固執
ひつの方法にとらわれる
改善
より良い手段・方法にカエル
昔からこうしている
こう指示されたから
方法A
方法B
手段C
手段D
手段E
手段F
手段G
いろいろな
手段・方法がある

務目的」がある。たとえば、販売・営業部門は「売る」のが「任務目的」であり、製造部門は「作る」のが「業務目的」である。

これらは絶対に遂行しなければならない。なぜなら、その対価として給与を得ているのだから。

与えられた任務や業務を達成できなければ、減給や降格、あるいは解雇されることもある。

改善をしない人は、与えられた任務目的を達成するのに、いつまでも「ひとつの方法」に固執している。

一方、改善する人は、任務目的を達成するための方法は「ひとつだけ」ではないことを知っている。

そして、もっと良い方法があれば、そちらに切り替えて、もっと効率的に、もっと快適に、もっと安全に仕事をしようと考えている。

これが「改善＝やり方を変えての手抜き」という意味である。

3 改善は「大変」にアラズ 改善は「小変」なり

改善に対して、

「仕事のやり方を変えるのは大変だ」

という声がある。

それは、

「自分たちの仕事は非常に特殊なので、そう簡単には〝仕事のやり方〟は変えられない」

あるいは、

「法律の規制や役所や顧客との関係などイロイロあって、大変なんだから、そう簡単には〝仕事のやり方〟は変えられない」

――などといった内容である。

だが、改善は、けっして「大変」なことではない。なぜなら、「大変」とは「大きく変える」ことである。

たしかに、今の「仕事のやり方」を「大きく変える」のは「大変」だろう。

しかし、改善は「大変＝大きく変える」ではない。仕事のやり方を「小さく変える」という「小変」に過ぎない。

「やり方を変える」のが改善だが、その「変え方」は、

①大きく変える＝大変
②小さく変える＝小変

の2つに分類される。

そのうちの「大変」は、「改革・変革・革新」、あるいは「イノベーション」などの用語が使われている。

これらは、

＊新しい設備を導入する
＊最新の機器・機材を採用する
＊システムを根本的に変える
＊新製品を開発する
＊新規事業を立ち上げる

――など「大掛かりな変化・変更」を意味している。

それによって、大きな成果を得ることができる。だが、それは簡単にできることではない。

多大のカネもかかる、特殊な技術も必要だ。リスクも大きく、やり損なうとエライことになる。まさに「大変」なことである。

もちろん、会社の幹部や上層部はそのような大変なことに挑戦しなければならない。それなりの地位と待遇を得ているのだから、「大変＝改革・変

革・革新」に対する責任がある。

だが、全社員で、日常的に取り組むべき「改善」は、そのような大掛かりなことではない。誰もが、気楽に、手軽に、手っとり早くできる「小変＝小さく変える」に過ぎない。

「改善」という言葉は、

＊カイゼン

＊かいぜん

＊KAIZEN

——などイロイロな表記がある。だが、どのように書かれても、その意味は、すべて「小変＝小さく変える」である。これがビジネス用語としての「カイゼン」の世界的な定義である。

問題の大半は「小変」なことばかり

「改善＝小変」だが、ここで不思議なことに気づく。それは「大変」という言葉は日常的に頻繁に使われているのに、「小変」はほとんど使われていないということだ。


「大変だ！」

「それは大変だね」

「いや、大変だったよ」

——など、よく聞かれるが、

「それは小変ですね」

「いや、小変だったよ」

——などと言う人はいない。


　それは非常にオカシイ。「大便」があり、「小便」もあるように、「大変」があれば、「小変」もあって然るべきではないだろうか。

　なのに、「小変」という言葉は、全くと言っていいほど使われていない。一部の辞書には「小変」も掲載されている。しかし、ほどんどの辞書には「大変」はあっても、「小変」は載っていない。

　それゆえ、誰もが、ことあるごとに、

「大変だ、大変だ」

と騒いでいる。


　だが、よく考えてみると、世の中は、そんなに「大変なこと」ばかりだろうか。人生においても、仕事においても、「大変なこと」はそれほど頻繁にあるものではない。

　本当に「大変なこと」は、せいぜい10年に数回くらいのものだ。それ以外の「毎日の仕事の問題」のほとんどは、「ちょっと変えればなんとかなる」といった「小変」ばかりではないか。


　なのに、「小変」という言葉が普及していないから、たいした問題でもないことですら、

「大変だ」

「大変だ」

と大騒ぎしている。

　それに対して、

「それらは、大変ではない」

「それらは、小変に過ぎない」

「ちょっと変えれば済むことだ」

——というのが「改善の考え方」だ。


　つまり、「ちょっと変える」だけでいいのだから、手っとり早く、手軽に、気楽にやろうということだ。

やってダメなら、また改善、さらに改善

　改善は「小変」である。ゆえに、たとえ、やり損なっても、たいしたことではない。改善がうまくいかなくても、

「やってダメなら、また改善」

「それでもダメなら、また改善」

——といった調子で、いくらでも「やり直し」ができる。なにしろ、ちょっと変えるだけの「小変」なのだから。


　もちろん、「大掛かりな変更」はそうではない。「大変」なことは、やり損なうと、取り返しがつかなくなり、「大変」なことになる。

　ゆえに、「大変」は計画的に、慎重に取り組まなければならない。だが、「小変」には、そのような配慮は不要。手軽に、手っとり早くやるべきだ。

　やってダメでも、いくらでもやり直しができる。また、それでもダメなら、再度、やり直せばいいのだから。

KAIZEN
気軽に 手軽に
エッチラオッチラ
INNOVATION

その代わり、改善はしつこく、しぶとく、継続的にやらなければならない。

野球では、ホームランの一発で得点につながる。だが、改善はホームランでなく、ヒットに過ぎない。

ヒットは一本だけでは意味がない。イチローがいくら出塁しても、後のヒットがなければ得点にならない。

改善も同様である。せっかくの改善も一回だけ、一時的なものでは意味がない。次から次に改善されて、はじめて成果につながる。

つまり、「個々の改善」は小さなもので構わない。だが、

＊続けなければダメ
＊全社員でやらなければダメ

――ということ、すなわち、「小変」に過ぎない改善を効果あらしめるには「持続・継続」および「全員参加」による取り組みが不可欠である。

QCは「中変」なり

改善を「大変＝革新・改革・変革」との対比で説明すると、「改善＝小変はわかった。だが、それはQC（Quality Control）、あるいは、QM（Quality Management）などの品質管理活動と、どう違うのか」といった質問が出てくる。

それに対しては「QC＝中変」という説明がわかりやすいだろう。今まで「仕事のやり方の変更」の「サイズ」によって「大変」と「小変」に分類してきたが、その中間に「中変」というものがある。

モノゴトは、まず、

「大↔小」
「上↔下」

などのように「2分割」することができる。次に、それらの「中間」を配慮して、

「大↔中↔小」
「上↔中↔下」

などの如く「3分割」できる。

つまり、「中変」は「中程度・中規模の問題」に対する「中サイズの変更」という意味である。

「小変＝改善」は小さな変更ゆえに、一人でもデキる。だが、「QC＝中変」となると、「中規模の変更」なので、一人では難しい。

ゆえに、「チーム」や「サークル」など、小集団での取り組みが必要となる。これがQCやQMにおいて、「サークル活動」が奨励されている理由である。

また、「改善＝小変」では、「思いつき」でも、なんでも構わない。なにしろ、「ちょっと変える」だけのことなのだから。

だが、「QC＝中変」は中規模の問題が対象なので、「思いつき」ではダメ。

ゆえに、データを取り、それらを分析して、原因を突き止め、それから対策を検討――などといったQC手法に基づいた取り組みが必要となる。

これがQCにおいて、「QC7つ道具」などの「QCツールの活用」や「QCストーリー」に沿っての問題解決が勧められる理由である。

☆

つまり、対処すべき「問題のサイズ」によって、

＊大変＝企業としてトップ・ダウンで
＊中変＝サークルなど小集団で
＊小変＝個人単位ボトム・アップで

――などのように「取り組みの単位」を、あるいは、

＊大変＝長期計画で
＊中変＝QCツールやQC手法で
＊小変＝「思いつき」でもナンでも

――などの如く、「取り組み方」を「使い分ける」ということである。

「問題のサイズ」による使い分け

「問題や対象のサイズ」によって、「道具」や「取り組み方」を「使い分ける」ということは、誰もがやっている。

たとえば、「大きな荷物」を運ぶには大型トラックを、「中程度の荷物」なら小型車を、そして、小さな荷物なら手で運ぶ――などのように。

ところが、愚かな会社では、この「使い分け」ということがうまく機能していない。

たとえば、

「我社はＱＣ活動をやっているので、ナンでもデータを取り、グラフ化して、それを分析して――」

などといった非常に硬直した対応が見られる。

これは形式化・形骸化した「ＱＣ活動の弊害」の典型である。そこには「状況に応じて使い分け」という発想が欠如している。

そもそも「いったい何のためにワザワザデータを取り、分析するのか」という最も「基本的な思考」すら放棄されている。

わざわざデータを取り、「ＱＣ７つ道具」などツールを活用して分析するのは「原因」を把握するためである。
「中サイズの問題」では要因が複雑に絡みあっているので、真の「原因」は隠れている。ゆえに、QCツールの活用やQCプロセスに沿っての対応が必要だ。

だが、「小さな問題」の場合はどうだろうか。わざわざデータを取り、分析するまでもなく、一目見れば、だいたいの原因はわかる。

原因がわかれば、対策もわかる。ならば、さっさと対策を実施して、手っとり早く問題を解決するほうがいい。

ところが、形式にとらわれ硬直化した会社では、すでに原因がわかっていることでさえ、わざわざデータを取り、グラフ化して、分析して――というプロセスにとらわれている。

まさに、「目的と手段」の取り違え、あるいは、「状況に応じた使い分け」すらできない「愚の骨頂」である。

もちろん、QC活動の初期の段階で「QC7つ道具」の使い方を習得するための練習として、わかりきったことにQCプロセスを適応するのも結構だ。

だが、いつまでも練習ばかりでは仕事にならない。それは「QCゴッコ」に過ぎない。

かつて、そのような「QCゴッコ」を、QC活動に熱心に取り組んでいると勘違いしている会社が、かなり見られたものである。

日常的な問題ゆえ、日常的な改善を

問題をその規模・サイズによって、「大変・中変・小変」と3分類したが、重要なことは、「どのサイズの問題」が最も多いかということだ。

「大規模な問題」は、それほど多くはない。だいたい10年に数回程度のものだ。ゆえに、10年計画、あるいは5年計画といった「中・長期計画」で対応することができる。

次に、「中程度の問題」はどうだろう。それらは、だいたい年に数回のものだ。それゆえ、QC活動では「半年くらいでひとつのテーマ解決」といったことが奨励されている。

さて、「小さな問題」はどうだろう。これらは毎日のように発生している。たとえば、

＊忘れた
＊間違えた
＊勘違いした

――などの如く、まさに日常的に発生している。

そこで、

「毎日の問題ゆえ、毎日、解決」
「日常的な問題ゆえ、日常的に解決」

ということになる。

これが「日常的改善」という言葉の背景だ。つまり、「日常的に発生している問題」だからこそ、「日常的改善」ということが成り立つ。

逆に、「日常的・改革」や「日常的・革新」などということはありえな

小変
毎日の仕事
日常業務の
問題点
ちょっと変えれば
なんとかなるものばかり
手っとり早く改善すべし!

い。それらは中・長期的にじっくり取り組むべきことであり、けっして「日常業務」のついでにできるようなものではない。

だが、「改善＝小変」は日常業務をこなしながら、日常業務の中で、日常的にやるべきものである。

☆

事故や災害に関して「ハインリッヒの法則」というものがある。これは、「1件の大事故の背後には、小さな事故が29件くらい、そして、事故に至ってはいないが、いわゆるヒヤリ・ハットという事故未満のものが300件くらい存在する」

――というものである。

この確率法則は、やはり、

＊大変――大事故
＊中変――事故
＊小変――ヒヤリ・ハット

の頻度、つまり、世の中には「大変な問題」よりも「小変な問題」が圧倒的に多いことを証明している。

4 改善は変化対応 改善は現実対応・制約対応

改善の意味・定義を、
①「やり方」を変えること
②「大変」でなく「小変」
――と説明すると、必ず、

「それはワカった。だが、なぜ、ワザワザ仕事のやり方を変え、改善しなければならないのか」

という質問が出てくる。

それに対する回答は、

「世の中が変わっているから」

「世の中が変化しているから」

の一言に尽きる。

世の中に「変化」がなければ、改善はいらない。仕事の「状況・条件」が変わらなければ、「今までのやり方」を、そのまま続けていればいい。

改善などワザワザやる必要はない。「今までのやり方」が通用するなら、それでいい。

☆

だが、現実はそうではない。世の中は否応なしに変化している。

たとえば、
・新しい技術の開発
・画期的な素材の出現
・競合会社の新たな動き
・顧客の要求・要望
・法律や条令
――など、さまざまな変化が押し寄せている。

すると、それに対応して、「仕事のやり方」も変えなければならない。そうしなければ、世の中の変化に取り残され、淘汰されてしまう。

制約があるから改善が必要

世の中が変わるということは、現実が変わるということだ。そして、その現実には、必ず「制約」というものがある。

我々の仕事には、
・時間
・カネ
・人手
――の制約がある。

ところが、改善のデキナイ人は、

なぜ

仕事のやり方の変更が必要か

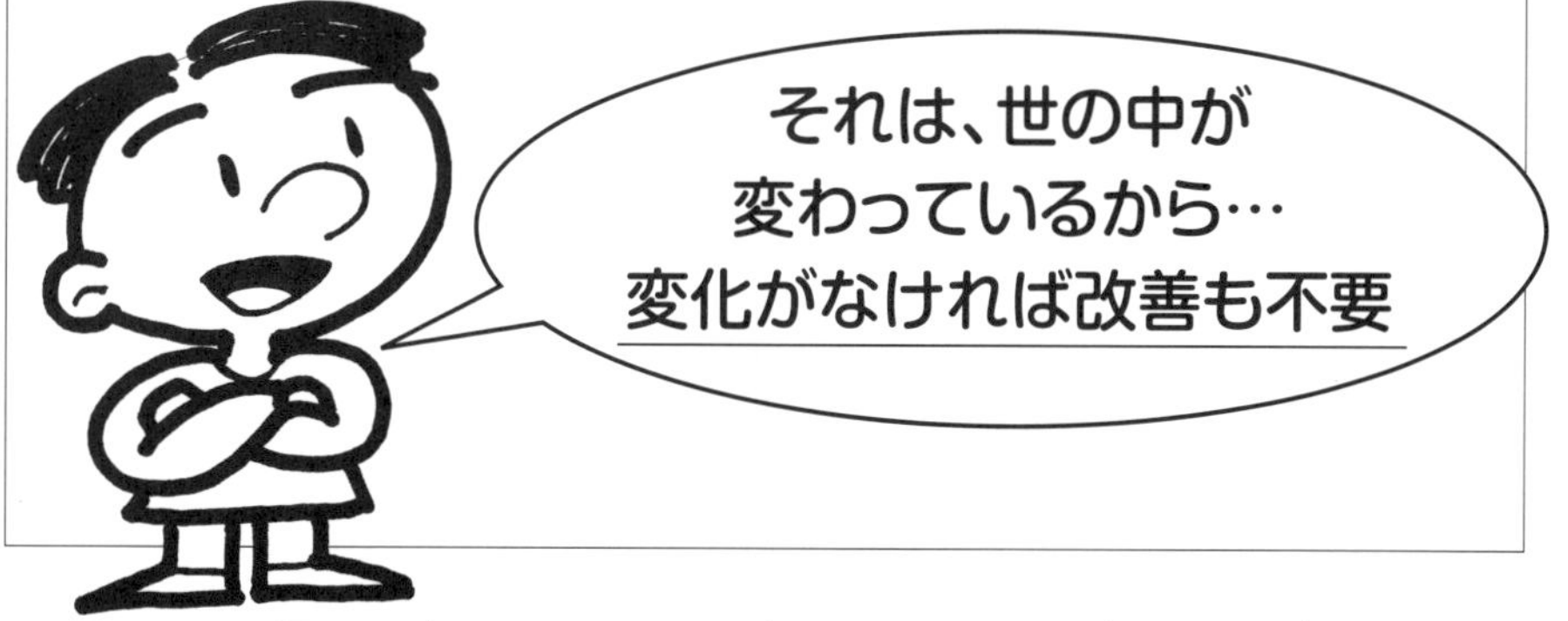
それは、世の中が
変わっているから…
変化がなければ改善も不要

・もっと時間があれば、やるのだが
・もっとカネがあれば、やるのだが
・もっと人手があれば、やるのだが
――と言う。

だが、時間やカネ、人手がいくらでもあれば、ナンでもできる。ならば、改善などいらない。

しかし、現実の仕事は、
・時間が足りナイ
・カネが足りナイ
・人手が足りナイ
――という「ナイナイ尽くし」である。

それゆえに、
・手間をかけず
・カネをかけず
・知恵を出す
――という改善が必要となる。

これが、改善の第三の定義である「現実対応・制約対応」ということだ。

わかりやすく言えば、
・時間が足りナイから改善
・カネが足りナイから改善
・人手が足りナイから改善

――ということである。

☆

もっとも、「大きな変更＝大変＝改革・変革・革新」の場合には、それらの条件を変え、条件を整えるという方法を採用する。

たとえば、

・カネがナイなら、銀行から借りる
・人手がナイなら、スカウトする
・技術がナイなら、ライセンス導入

――など。

あるいは、陳情や謀略などで法律を変えたり、お役所の許可を得る――などということも必要だろう。

「大変＝革新」の場合、いくらカネや時間を投入しても構わない。それ以上の成果が得られるなら、ビジネスとして成り立つからだ。

☆

だが、「小変＝改善」はそうではない。改善は、なによりも手っとり早さを重視する。ゆえに、制約を変え、条件を整えるよりも、「現在の制約」の中での対応を考える。

「制約・条件」という観点から、「大変と小変」を比べると、

＊大変＝制約変更・条件整備
＊小変＝制約対応・条件対応

――ということになる。

このことを、戦争にたとえれば、「大変＝革新」は兵器や軍隊など軍備を整え、作戦に基づいて展開する本格的な戦争のようなもの。

一方、「小変＝改善」はゲリラ戦だ。充分な兵器や軍備があるわけでないので、あり合わせの兵器を駆使して、奇襲戦法など「知恵」を最大の武器としての戦いである。

どこまでが仕事で どこから先が改善か

ビジネス用語としての「改善」は、次の3点で定義されている。

①手段選択・方法変更
②小変＝小さな変更
③現実対応・制約対応

この定義が理解され、共有化されていない会社や職場では、改善に関してイロイロな食い違いやスレ違いなど混乱が発生している。

たとえば、

「改善とは任務目的をより良く達成するため、ひとつのやり方のとらわれず、より良い手段を選び、より良い方法に変えること」

ということが理解されていない会社では、せっかくの改善に対して、

「それはオマエの仕事そのものだ」
「それは業務そのものではないか」

という声が出てくる。

そして、

「どこまでが仕事か」
「どこから先が改善か」
「業務と改善の境界線はどこか」

――といった議論が始まる。

だが、このような不毛な議論も「改善の定義」で解消できる。

「仕事」とは、「業務目的」や「任務

目的」を達成すること。営業部門は売るのが任務、製造部門は作るのが仕事である。

☆

社員は、それぞれの任務目的を達成する対価として給与を得ている。ゆえに、任務目的は達成しなければならない。

一方、「改善」とは何か。それは「任務目的をより良く達成するための、より良い手段の選択やより良い方法への変更」である。

すなわち、「ひとつの手段・方法」にとらわれず、「より良い方法」を探し、考え、変更し、工夫し、選択し、採用するのが改善である。

「仕事」と「改善」の区別は、

＊仕事＝「目的」の達成
＊改善＝「手段」の変更・選択

——のように、「目的」と「手段」に分けて考えればわかりやすい。

第3章

改善の定石と方程式

1

「改善の定石」を読み取れば

「他者の改善」を「自分の改善」に応用・活用できる

改善活動における「スレ違い」や「食い違い」を防ぐには、まず何より、

「改善とは何か」

「どのようなものが改善か」

「改善と修繕はどう違うのか」

「仕事と改善はどう区別すべきか」

——など、「改善の意味」の明確化が必要である。


だが、それは最低限の条件に過ぎない。理屈や理論で「改善の意味・定義」がわかっただけでは、改善の「実施→定着化→活性化」には結びつかない。

社員の改善能力と意欲を開発して、改善を持続・継続させるには、具体的な「改善事例」の研究が必要だ。


もっとも、それも、ただ単に事例を眺めるだけではダメ。それだけでは、

「ふ〜ん」

「ほほう」

と感心するだけで終わってしまう。

あるいは、逆に、

「なんだ、この程度か」

「そんなことアタリマエじゃないか」

——といった反応を示す人もいる。


だが、いずれにしても、そのような反応では、「他者の改善」を「自分の仕事の改善」に応用・活用・役立てることはできない。

「事例を研究」する場合、その中に含まれている「改善の定石」を読み取らなければならない。


「定石」を読み取り、抽出することができれば、次に問題に直面した時、

「こんな時は、こうすればいいのか」

「こんな場合、こう対処すればいい」

「こういうやり方もあるのか」

——といった調子で、「問題」を次々に手っとり早く解決できる。

イロイロな「変え方」
「変え方」のイロイロ

改善の定石とは
「考え方」の
イロイロ
問題
改善の定石を読み取れば
対応できる

それでは「改善の定石」とは何か。それは「変え方」のイロイロである。「仕事のやり方」を変えるのが改善だが、その「変え方」は「ひとつ」だけではない。イロイロな「変え方」がある。

イロイロ（色色）とは「種類が多い」という意味だが、それら多様な「変え方のパターン」を「改善の定石」と言う。

☆

「改善」の対象は、どこにでもあるような「日常的な問題」である。それらは、多くの人が直面し、すでに、そのつど、解決されている。

つまり、世の中には、「改善の前例」がいくらでもある。そのおかげで、「こんな場合、こう解決すればいい」「こんな時は、これで改善できる」――などといった「改善の定石」が確立されている。

それら「改善の定石」を数多くアタマの引き出しに入れておけば、さまざまな問題に対処できる。

☆

囲碁や将棋では、まず「定石」を学ぶ（将棋では「定跡」という用語が使われているが、この場合は同じような意味と考えていいだろう）。

「定石」とは、数多くの先人の経験から得られた「ノウハウの結晶」である。

ゆえに、「定石」を習得すれば、誰でも「ある程度のレベル」までの力をつけることができる。

もっとも、定石の習得だけで止まってしまうと、それは「マニュアル人間」に過ぎない。マニュアルや定石に、自分なりの工夫を加えなければならないことは言うまでもない。

「やめる」に勝る改善なし

数多くの「改善の定石」の中で、最もわかりやすいのは、「やめる・へらす・カエル」の3原則だろう。

すべての改善は、この3原則に含まれている。

そのうち、最もいいのは「やめる」という改善だ。

＊不用をヤメル
＊ムダをヤメル
＊過剰をヤメル

――などが最善の改善だ。

とにかく、「やめる」に勝る改善はない。「やめる」のが最強の改善だ。

とりわけ重要なのは、

「昔は必要だったが、今は不用」

というものをヤメルこと。

ところが、改善をしない人は、

「昔からやっているから」
「このように指示されたから」

――などと言って、何も考えず、すでに不要になっていることをいつまでも、惰性でやり続ける。

だが、「昔から」やっているからといって、「今も」やらなければならない理由はどこにもない。昔は、それなりに必要があったから、やっていたに過ぎない。

だが、状況が変わり、その必要がなくなったら、いつまでもやる必要はない。

世の中が変わり、不要になったら、サッサとヤメルのが改善だ。

ヤメられなければ、「へらす」べし

もちろん、すべてがヤメられるわけではない。いろいろな制約や事情で、どうしてもヤメられないものもある。

その場合、「へらす」という定石がある。全部を一挙にヤメルことができなければ、「ヤメられる部分」だけでも、ヤメればいい。

部分的にやめれば、それが「へらす」になる。つまり、「部分的な停止・廃止＝減らす」である。

だが、もうこれ以上は「減らせない」という段階に至ったら、どうすればい

視点と立場を換える
手順・方法を改える
素材・部品を代える
組み合わせを替える
ピンチをチャンスに変える
原点・初心に返える
やめる
へらす
カエル

いか。

次には「カエル」という定石がある。「カエル」という言葉を辞書を引くなり、ワープロで変換すると、「変える、替える、換える――」などイロイロな漢字が出てくる。

このことからも「変え方」というものは、けっして「ひとつ」だけでなく、複数あることがわかる。

このように「複数の変え方」があるからこそ、我々は行き詰まることなく、次々に改善することができる。

☆

問題に直面した時、

「大変だ、大変だ」

と思うと、そこで思考がフリーズして、「困りっ放し」になってしまう。

だが、「改善の定石」を数多く知っていると、

「この場合は、こう対処すればいい」

「こんな時は、こう対応すればいい」

と手際よく、問題を捌き、改善することができる。

2

「改善の方程式」は、単純・明快

ゆえに、誰でも簡単に手っとり早く気軽に手軽に改善デキル

問題は「2種類」しかない

仕事や人生にはイロイロな問題がある。「ひとつの問題」が解決されても、また、次の問題がやってくる。

問題は、次から次に襲いかかってくる。まさに、仕事や人生は問題だらけ、問題山積である。

だが、いくら問題が多くても、その「種類」は、たった「2つ」しかない。ちょうど、人間がウジャウジャいても、その種類は「男」と「女」の2種類しかないようなものだ。

それは「ナイ」と「ニクイ」の2つ。

☆

まず、「ナイ」というは、

・わからナイ
・できナイ
・見えナイ

――など。つまり、

「送ったかどうか、わからナイ」
「締切に、間に合わナイ」
「計算が、合わナイ」

――というのが問題だ。

もっと切実な問題もある。それは、

・面白くナイ
・つまらナイ
・たまらナイ

――などである。仕事や人生が面白くなければ「大問題」である。

次に、「ニクイ」は、

・わかりニクイ
・やりニクイ
・見ニクイ

――など。

ワカルことはワカルが、

「わかりニクイので、よく間違える」

あるいは、見えることは見えるが、

「見ニクイので、見落としてしまう」

――などといった問題である。

すべての問題は、この「ナイ」と

「ニクイ」に集約される。これ以外に問題はない。

対策も「2種類」だけ

問題が「2つ」しかなければ、その対策も「2つ」で充分だ。

では、「～ナイ」という問題には、どう対処すればいいか。たとえば、「わからナイ」という問題はどうすればいいのか。

わからなければ、「わかる」ようにすればいい。つまり、「ワカル化」すればいいのだ。

次に、「見えナイ」という問題はどうだろう。見えなければ、見えるようにすればいい。つまり、「見える化」すればいいのだ。

もっとも、通常は「視覚化」とか、「可視化・顕在化」などという難しい言葉が使われている。

だが、トヨタ生産方式では「視覚化」などといった堅苦しい用語ではなく、

「見える化」というわかりやすい言葉が使われている。

　ナニゴトも、わかりやすいほうがいい。ゆえに、「堅苦しい用語」よりも、わかりやすい「ひらがな語」や「カタカナ語」が勧められる。つまり、

「できナイ」　↓「できる化」

「わからナイ」↓「わかる化」

「見えナイ」　↓「見える化」

「読めナイ」　↓「読める化」

「聞こえナイ」↓「聞こえる化」

「通じナイ」　↓「通じる化」

「儲からナイ」↓「儲かる化」

「進まナイ」　↓「進む化」

「間に合わナイ」↓「間に合う化」


――などが改善である。

☆

　また、「見ニクイ・わかりニクイ・やりニクイ――」など「ニクイ」という問題はどうすればいいだろうか。

　その答えも簡単。「見ニクイ」なら、「見やすく」すればいいだけのことだ。つまり、「見やす化」が改善である。

　すなわち、

「見ニクイ」　↓「見ヤス化」

「わかりニクイ」↓「わかりヤス化」

「やりニクイ」↓「やりヤス化」

「読みニクイ」↓「読みヤス化」

「聞きニクイ」↓「聞きヤス化」

「通じニクイ」↓「通じヤス化」

「儲けニクイ」↓「儲けヤス化」


――などが改善である。

改善とは「ル化」と「ヤス化」なり

　要するに、改善とは、

◎「ナイ」を「る化」する
◎「ニクイ」を「やす化」する

だけのことである。

　つまり、「わからナイ」ことが、「わかる化」で、「わかる」ようになったら、改善である。

　また、「できナイ」ことが「できる化」で、「できる」ようになったら改善だ。

　あるいは、「やりニクイ」ことが「やりやす化」によって、「やりやすく」なったら改善である。

　また「わかりニクイ」ことが、「わかりヤス化」で、「わかりやすく」なったら、改善である。

　なぜなら、改善とは問題をひっくり返すことに他ならないからだ。

＊「見えナイ」↓「見える化」
＊「わからナイ」↓「わかる化」
＊「できナイ」↓「できる化」
＊「間に合わナイ」↓「間に合う化」

あるいは、

＊「見ニクイ」↓「見やす化」
＊「わかりニクイ」↓「わかりやす化」
＊「やりニクイ」↓「やりやす化」
＊「売りニクイ」↓「売りやす化」

――などのように、とにかく問題を裏返せば、それらはすべて改善となる。

改善とは「不→化」＆「難→易」なり

このことを「漢字」で表現すれば、

◎「不を取り除く」

または、

◎「難を易にする」

ということになる。

なぜなら、問題には「不」がつきものである。たとえば、「不良・不快・不安・不安全・不潔――」など。

改善とは、この「不」を取り除くことである。つまり、

＊「不快」から不を取って「快適化」
＊「不安」から不を取って「安心化」
＊「不潔」から不を取って「清潔化」

――するのが改善である。

また、「やりニクイ＝難しい」ことを「やりやすく」する、つまり、「難→容易化」するのが改善である。

要するに、問題というものは、まったく「わからナイ」という「全面否定」の「不」、および、「ワカルことはワカルのだが、ワカリにくい」という「部分否定」の「難」の2つから成り立っている。

「には」で具体化→実施化

すべての問題は「る化」、および「やす化」によって解決できることがわかった。だが、「わかった」だけでは改善はできない。

改善を「実施」するには、その次に「には」という言葉が必要だ。つまり、

・見える化
↓「見えるように」するニハ
・わかる化
↓「ワカルように」するニハ
・できる化
↓「できるように」するニハ

——などのように。あるいは、

・見やす化
↓「見やすく」するニハ
・わかりヤス化
↓「わかりやすく」するニハ
・やりやす化
↓「やりやすく」するニハ

——といった調子で「には」によって「具体化」しなければならない。

たとえば、

・見える化する「には」
↓向きを変える
↓位置を変える
↓カバーを取る
↓材質を変える（透明化）
↓覗き窓を開ける
↓鏡を使う

——などイロイロな方法がある。

あるいは、

・わかる化する「には」
↓表示する
↓番号・記号をつける
↓配置を変える
↓順序を変える
↓色を変える
↓強調する

などのようにさまざまな方法がある。

「には」で空論に歯止めをかける

このように、改善を実施するには、

＊「ナイ」を「る化」する「には」
＊「ニクイ」を「やす化」する「には」
＊「不」を取り除く「には」
＊「難」を「易化」する「には」

——などのように、

「具体的**には**、どうすればいいか」
「実際**には**、何を、どうすべきか」

という「には」が不可欠である。

「には」という言葉によって、モノゴトを「具体化→実施→現実化」していくことができる。

ただ単に、

「には」による具体化がなければ、

＊「ナイ」を「る化」するのが改善
＊「ニクイ」を「ヤス化」すること
＊「不」を取り除くのが改善である
＊「難」を「易化」するのが改善

——など「能書き」を並べるだけに過ぎない。

すると、

「そんな理屈はわかっている。だから、そうするには、どうすればいいのか、

具体的な方法を教えてくれ」

と反論されるだろう。

　このように、「には」という言葉には「机上の空論」による「カラ回り」を防ぎ、モノゴトを「具体化→現実化」させる機能がある。

「なぜ」で原因追及

「改善」とは「原因対策」である。

ゆえに、適応すべき「改善の定石」も「問題の原因」に対応するものでなければならない。

　たとえば、「忘れるという問題」を解決するには、

「なぜ、忘れるのか」

と、その「原因」を追及しなければならない。

　たとえば、「忘れる原因」にはイロイロあるが、そのひとつは、

「後でやろう」

というものだろう。

☆

つまり、「後でやろう」と思って、別のことをやっているうちに、すっかり忘れてしまうのだ。

ゆえに、それを防ぐには、

「後でやろう」

ではなく、

「今すぐ」

「その時」

「その場で」

という「即時化・同時化」などの「改善の定石」を適応すればいい。

堅苦しい漢語がイヤなら、

「その場化」

「今すぐ化」

「すぐヤル化」

などと言ってもいい。

☆

それでは、「即事化・同時化・その場化・今すぐ化・すぐヤル化」などの改善を実施する「には」どうすればいいだろうか。

それもやはり、「原因」を考え、それに対応した定石を適応すればいい。


「なぜ、その場で、デキナイのか」

「なぜ、すぐ、ヤラナイのか」

と考えると、

「手元に道具がなかったから」

「手元に資料がなかったから」

「連絡先がスグわからなかったから」

などだろう。

すると、その対策は、

「手元化」

「一体化」

「携帯化」

などであろう。

要するに、

「スグ、取り出せるように」

「スグ、使えるように」

「スグ、わかるように」

しておけば、何も「後で」する必要はない。

スグ、その場で、やってしまえば、もう忘れることはない。これが手っとり早い「忘れ防止」の改善だ。

「には」の追求は「なぜ」の追及につながる

「には」によって、「具体的な対策」を追求することは、とりもなおさず、「具体的な原因」を追及することを意味している。

トヨタ生産方式では、「なぜ」を5回繰り返せと言われている。「なぜ」を繰り返すことで、より核心的な「原因」を把握することができるからだ。

もっとも、ただ単に「なぜ」を繰り返すだけではダメ。それだけでは言葉が空回りして、「抽象的な原因」しかつかめない。

すると、その対策も、

「徹底すべきである」

「注意を喚起すべきである」

「意識を高めるべきである」

「意識改革をしなければならない」

――などといった抽象的なものとなり、なんら改善に結びつかない。

視覚化
定型化
同時化
変化
＝
化
＝
化ける
標準化
定置化
一体化
視覚化
目で見る管理
Visual Management
見える化
見せる化
見やす化
①変更：○○化
②活用：○○用
③選択：使い分け
使いこなし：活用
使い分け：選択
使い回し：転用
見にくい
見やす化
わかりにくい
わかりやす化
わからない
わかる化

しかし、「には」を繰り返せば、具体的な「なぜ」の追及につながる。なぜなら、「には」は、何よりも「具体的な対策」を求めるからだ。

すると、その「原因追及」も具体的にならざるをえない。「具体的な原因」の追及が、「具体的な方法」の追求につながることは言うまでもない。それが「具体的な改善の実施」につながる。

不都合なことは、逆に「ナイ化・ニク化」が改善

通常は、

「見えナイ」→「見えル化」
「わからナイ」→「わかル化」
「できナイ」→「できル化」

――などのように「ナイ→ル化」が改善である。

ただし、「困る・間違える・壊れる・キズつく・汚れる・モレる――」などのように不都合なことは、逆に「ナイ化」するのが改善となる。

たとえば、

「困る」→「困らナイ化」
「間違える」→「間違えナイ化」
「壊れる」→「壊れナイ化」
「傷つく」→「傷つかナイ化」
「汚れる」→「汚れナイ化」
「モレる」→「もれナイ化」

――するのが改善である。

それと同様に、通常は、

「ニクイ」→「やす化」
「難」→「易化」
「Difficult」→「Easy化」

――するのが改善である。

だが、「間違えヤスイ・忘れヤスイ・壊れヤスイ・汚れヤスイ・傷つきヤスイ――」など「不都合なこと」は逆に「ニク化」するのが改善である。

つまり、

「間違えヤスイ」→「間違いニク化」
「忘れヤスイ」→「忘れニク化」
「壊れヤスイ」→「壊れニク化」
「汚れヤスイ」→「汚れニク化」
「傷つきヤスイ」→「傷つきニク化」

――などが改善となる。

もちろん、その場合も、改善を実施するには、

「困らナイ化するには」
「間違えナイ化するには」
「もれナイ化するには」
「忘れニク化するには」
「間違いニク化するには」
「壊れニク化するには」

のように、「には」で「具体的方法」を追求しなければならない。

☆

改善しない人は、問題に直面すると、「困りっ放し」のまま。そして、ブツブツ不平・不満を口にするだけで、何も変えようとしない。

だが、改善する人は、「困ったら、困らない化」すればいいという「方程式」を知っている。

方程式といっても、何も難しいことではない。日常的な問題程度なら、手順どおりに「改善の定石」を活用すれば、簡単に解くことができる。

改善の定石と方程式

①見える化（見やす化）
②わかる化（わかりやす化）
③できる化（やりやす化）

仕事が**「やりニクイ」**という問題がある場合、
改善しない人は、いつまでも「困りっ放し」のまま。
だが、改善スル人は **困らない化** に取り組む。

では「困らない化する」**には**どうすればいいのか。

改善とは「原因対策」である。ゆえに
問題の原因を「ひっくり返す」ことが改善となる。つまり、

①**なぜ**「困っている」のか→「やりニクイ」から
②**なぜ**「やりニクイ」のか→「見ニクイ」から
③**なぜ**「見 ニ ク イ」のか→「文字が小さい」から
—と**ナゼ**を繰り返せば、問題の核心(真の原因)に近づく。

そして、次に
「見やすくするには」どうすればいいかという観点から
原因をひっくり返し、反転させる。つまり、

「文字が小さい」から→「文字を**大きく**」する。
すると、問題は次々に反転していく、

①見やす化→②やりやす化→③困らない化

3 「化」をつければ、すべて「改善の定石」

「改善の定石」にはイロイロあるが、最もわかりやすいのは「○○化」という形式だろう。

たとえば、

・視覚化
・定型化
・定置化
・同時化
・共有化
・一体化

――など、なんでも「化」をつければ、「改善の定石」となる。

しかも、「化」をくっつける対象は「漢語」に限定する必要はない。「視覚化・可視化・顕在化――」などといった堅苦しい表現がイヤなら、

・見える化
・見せる化
・見やす化

などでもいい。

あるいはカタカナで、

・ビジュアル化（視覚化）
・シンクロ化（同期化）
・シンプル化（簡素化）

などでもいい。

とにかく、漢字・ひらがな・カタカナ――と、なんでも「化」をつければ、すべて「改善の定石」となる。

その中でも最も汎用性が高いのは、

「定○化」
「共○化」
「一○化」

などのパターンだろう。

定○化

たとえば、「バラバラ・マチマチ・不揃い」などといった問題に対しては、「定○化」の定石が有効だ。

バラバラ・マチマチ・不揃いという問題の要素は「時間」か「空間」だが、「定○化」の「○」の部分は、その要素に対応している。

たとえば、

・「量」が不揃い→「定量化」
・「数」が不揃い→「定数化」
・「額」が不揃い→「定額化」
・「時間」がマチマチ→「定時化」

・「時刻」がマチマチ→「定刻化」
・「時期」がマチマチ→「定期化」
・「様式」がマチマチ→「定式化」
・「場所」がバラバラ→「定置化」
・「品番」がバラバラ→「定番化」
・「価格」がバラバラ→「定価化」
・「順序」がバラバラ→「定順化」
――など。

そこで、この「定○化」をすれば、数・量・時・場所・順序・価格――などの「要素・条件」を揃えて、一定化することができる。

また、これら「定○化」の改善は、「イチイチ・そのつど」という問題の解決にも有効だ。

☆

モノゴトが「バラバラ・まちまち・不揃い」だと、そのつど・イチイチ、調整したり、調節しなければならない。

だが、あらかじめ「定○化」しておけば、そのつどの調整は不要。イチイチ調節しなくてもいい。

とにかく、我々の仕事には「イチイ

チ・そのつど」という言葉が頻繁に登場する。

たとえば、

「イチイチ調べていた」

「そのつど計算していた」

「イチイチ記入していた」

「そのつど聞いていた」

——など。

これは「同じようなこと」を繰り返し、反復していることを意味している。だが、「定○化」の定石を使えば、「重複・反復」のムダを省くことができる。

「定型化」で反復から手抜き

たとえば、「ビジネス文書の内容」の大半は同じようなものである。それらをイチイチ・そのつど書いたり、記入するのは全く時間のムダ。

「余計な手間」がかかるだけでなく、「記入モレ」や「間違い」も発生する。そのような文書は「定型化」によって、「手抜き」することができる。

身近な「定型化・文書」は「電話の伝言メモ」などだろう。いつ・誰から、何の用で——など、伝えなければならない項目は決まっている。

そのような項目をイチイチ・そのつど書くのはムダ。しかも「聞き忘れ」や「記入モレ」につながる。

ところが、あらかじめ「伝言メモ」として「定型化された様式」を用意しておけば、重複・反復を省くことができる。しかも、モレ・間違いを防止できる。

代表的な項目内容をあらかじめ記入しておけば、それらに○をつけたり、印をつけるだけでいい。

もちろん、これらは従来のアナログ的メモ用紙だけでなく、パソコンでもいい。パソコンの場合なら、選択項目を「プルダウン・メニュー」などに設定しておくこともできる。

あるいは「記入順序」を誘導したり、「記入モレ」を警告したり、「異常値」は入力できないようにしておくなど、あらかじめイロイロ設定しておくことができる。

それらは「定型化・定式化・定順化・定範化」などといった「改善の定石」の応用である。

これらのことからも「改善の定石＝改善の基本原理」は、従来のローテク・アナログだけでなく、ハイテクやデジタルの世界でも共通していることがわかる。

「定置化」で「さがさナイ化」の改善

「整理・整頓」で最も威力を発揮するのが、「定置化」という定石である。とにかく、アチコチに置くから、「アレがない」「コレが見つからない」と大騒ぎして、探さなければならない。

探して儲かるのであれば、みんなで一日中探しまわっていればいい。だが、「探す」ということは何ら付加価値に

つながらない。

儲からないことはヤメルのが改善。

ゆえに、「探す」という愚かなことからは「手抜き」しなければならない。

それには「置く所を定める＝定置化」の定石が有効だ。「置く場所」や「戻すべき位置」を定めておけば、もう探す必要はない。

「共○化」

また、「そのつど・イチイチ」など「重複・反復のムダ」を「やめる・減らす」には、

「共有化」
「共用化」
「共通化」
「共同化」

などの「共○化」の定石が有効だ。

重複・反復を「やめる・減らす」ことができれば、余計な手間・時間・費用を削減できる。

そうするには、「重複している部分」

を互いに「共用化・共有化」すればいい。

もっとも、そのためには、要素や条件をあらかじめ「共通化」しておく必要がある。すると、相互の仕事の「共同化」が可能となる。

ビジネス事務の世界でも、かつてはワープロの仕様がメーカーごとにバラバラ・マチマチで「互換性」がなかった。そのため、機種がバラバラ・マチマチの会社や部署では文書や情報の「共用化・共有化」ができなかった。

その段階のワープロは単なる清書機械、電子式和文タイプライターに過ぎなかった（それでも、当時としては画期的な事務革命機器ではあったが）。

ところが、パソコンの時代になると基本ソフトが共通化（標準化）され、機種・メーカーに関係なく、情報やデータを共有・共用化できるようになった。

また、最近は基本ソフトや応用ソフト相互の「互換性＝共通化」が進み、共有・共用化の範囲はかなりに拡大されている。

このように、「共有・共用・共通・共同化」など「共〇化」の定石は、相互に関連している。

すべてを「同一化・単一化」すると、応用力や機動性が弱体化する。モノゴトはそれぞれの状況に対応できるよう「多様化」させるほうがいい。

だが、単なる「多様化」では、バラバラ・マチマチで互換性がなくなり、「共用・共有化」ができない。

そこで、必要な部分だけでも「共通化・互換化」を図れば、それぞれの「強み」や「個性」を発揮しながら、「共有・共用化」による相乗効果を得ることができる。

「どの部分」を個別化・多様化させ、「どの部分」を「共通化」させるべきか、「共〇化」による改善の成否のカギはそこにある。

☆

なお、「共通化＝互換化」には、

・標準化
・スタンダード化
・レギュラー化
・モジュール化
・コンポーネント化
・コンパチブル化

などといった用語も使われている。

だが、それは、けっして全面的な「単一化＝ワン・パターン化」という意味でない。あくまでも、「共通すべき部分」に限定した「共同化・共有化・共通化」である。

「一〇化」

改善とは「手抜き」である。もちろん、単なる手抜きでなく、あくまでも「不要からの手抜き」である。

けっして、「重要なこと、必要なことから手抜き」という意味ではない。「不要なこと」から手を抜き、必要なことは、じっくり、たっぷり、念入りにやるのが改善である。

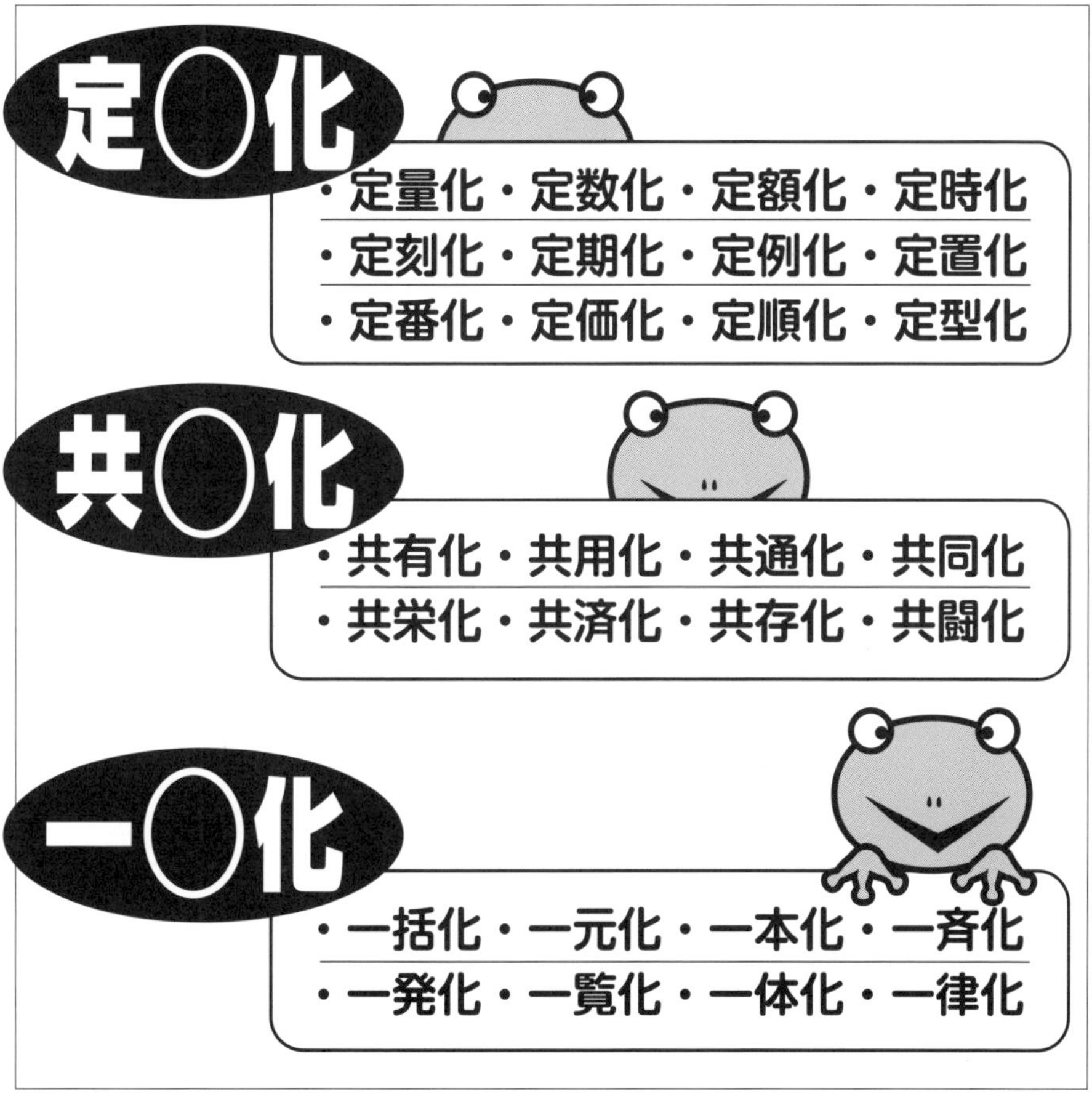
定〇化
・定量化・定数化・定額化・定時化
・定刻化・定期化・定例化・定置化
・定番化・定価化・定順化・定型化
共〇化
・共有化・共用化・共通化・共同化
・共栄化・共済化・共存化・共闘化
一〇化
・一括化・一元化・一本化・一斉化
・一発化・一覧化・一体化・一律化

とは言うものの、多くの人は今まで、

「手抜きスルナ」

「手抜きはアカン」

と言われてきたので「手抜き」という言葉に抵抗感があるかもしれない。

そのような人は、

「手抜き＝手間を抜く」

「手抜き＝余計な手間を抜く」

「手抜き＝ムダな手間を抜く」

と考えたらどうだろうか。

単なる「手抜き」ではなく、「余計な手間・ムダな手間を抜く」と言葉を補足すれば、多少は、「手抜き」への抵抗感も薄れるだろう。

☆

「余計な手間」を抜き、減らすには「一〇化」という定石が有効だ。

たとえば、

「一括化」

「一元化」

「一本化」

「一斉化」

「一発化」

「一覧化」

などである。

「一」の反対は「複」だが、要素が複数になると、モノゴトは複雑になる。すると、乱雑・猥雑・煩雑、あるいは混乱・混雑・混同――など「雑・混・複・乱」を伴う状況となる。

　すると、「余計な手間」がかかり、イライラ、バタバタする。また、それだけ「間違い」も多くなる。

「一○化」という「改善の定石」は、それら「不都合の原因」となっている「複数・複雑・重複――」などを一刀両断するものだ。

☆

　組織が大きくなると、異なる部署で同じようなことをしたり、同じような資料・データを収集・蓄積するなど、多大なムダが発生している。それらを「一本化・一元化」すれば、「重複のムダ」を省くことができる。

　また、バラバラの管理では、「訂正・追加」など変更が大変だ。アチコチでやるので、「訂正モレ・変更モレ」が発生する。

　しかも、それを修正するのに全部のデータを照合するなど、トンデモない時間とエネルギーの浪費をもたらす。

　だが、それらデータや情報の管理を「一元化」すれば、訂正・変更・追加など「一括化・一斉化」、あるいは、「連動化・同時化」できるので、時間のギャップもなく、リアルタイムで最新情報を活用することができる。

　もちろん、「一括化・一元化」するには、名称やコードなどの要素・条件を「共通化」しておかなければならない。

「共○化」を伴わない「一○化」は、単なる「ごっちゃ混ぜ」に過ぎない。それは混乱・混雑をもたらす改悪である。

一覧化で「一目でわかる化」

複雑なものを「スッキリ化」させるのが「一覧化」という定石である。

　いろいろなモノが乱雑でゴチャゴチャしていると、
＊見ニクイ
＊わかりニクイ
＊やりにニクイ
＊間違いヤスイ
＊混乱しヤスイ
＊見落としヤスイ
――などの不都合が発生する。

　だが、それらを「表」やリストなど「一覧化」すると、簡素化・スッキリ化するので、
＊一目でわかる化
＊よくわかる化
＊スグわかる化
＊スゴクわかる化
＊比較しヤス化
――など「見やす化・わかりヤス化」につながる。

　また、それらを掲示すれば、「誰でもわかる化」となり、情報を共有化することができる。

「○○化」で改善

「○○化」で問題解決

見えない → **見える化**
（視覚化・可視化）

見にくい → **見やす化**
（容易化・快適化）

わからない → **わかる化**
（明確化・明瞭化）

2度手間
メンドウ → **ついで化**
（同時化）

イチイチ
そのつど → **あらかじめ化**
（事前対応）

第4章

改善力と改善発想ノウハウ

1

「改善力」をつけるには

「アタマの引き出し」に大量の「事例＋定石」の蓄積を

「改善力」、つまり「改善能力」をつけるにはどうすればいいか。

それは「アタマの引き出し」に「事例＋定石」の組み合わせを数多く持つことだ。

その蓄積が多い人は、次から次にアイデアが出てくる。ところが、そうでない人は、何も出てこない。

「カラっぽのアタマ」は、いくら振っても、捻っても、何も出てこない。せいぜいカラカラと虚しい音がするだけだろう。

もっとも、アタマが全くカラっぽという人はいない。今まで生きてきたのだから、それなりの蓄積はある。

ゆえに、問題に直面した場合、

「こうすればいい」

「ああすればいい」

と、1つか2つの対策案ぐらいは、誰でも考え出せる。

もちろん、それで問題が解決できればそれでいい。だが、世の中はそんなに甘くはない。

せっかく、アイデアを出しても、「現実的制約」が立ちはだかる。

たとえば、

＊予算がナイからダメ

＊前例がナイからダメ

＊規則でダメ

＊上層部が反対しているからダメ

蓄積の少ない人は、そこで行き詰まってしまう。そして、

「せっかく、良いアイデアを提案したのに、会社は採用してくれない」

と言って、フテ腐れる。

だが、アタマの引き出しに「事例＋定石」を数多く蓄積している人は、

「アレがダメなら、コレでいく」

「コレがダメなら、ソレでいく」

「ソレがダメなら、アレ・コレでいく」

と、次から次にアイデアを出せる。ゆえに、行き詰まらない。

床がダメなら、壁　壁がダメなら、天井

ある洋服店でのこと。「新しい商品」が入ったので、いちばん目立つところに陳列しようということになった。

そこで、アルバイトの店員さんが、

「2階の売り場に行く階段の〝踊り場〟が良いのでは――」

と提案してきた。

ところが、「踊り場」にモノを置くのは、「消防法」で禁じられている。

そのため、「改善のヘタな店」では、そのような提案に対して、

「消防法でダメ」

「そんなアイデアはダメ」

などと言って、たちどころに潰してしまう。

そして、その人は、もう二度と、提案も改善もしなくなる。

ところが、ここの店長は改善の心得があった。アルバイトの人に、消防法

対策は複数ある

床はダメ
では壁に掛ける
天井に吊すこともできる

のためダメだと説明すると同時に、
「床がダメなら、壁でどうだ」
「壁がダメなら、天井はどうだ」
と、逆に提案してきた。

つまり、「踊り場」の「床」に陳列するのは消防法でダメ。だが、「踊り場」の「壁」に飾るのなら問題はないということである。

もし、何かの都合で「壁」に陳列できなければ、天井から吊すという方法もある——とアドバイスしたのである。

建物というものは、「床・壁・天井」という「3つの要素」から成り立っている。要素が3つあれば、それに対応して、少なくとも「3つ以上の対策」が可能というわけだ。

☆

とにかく、我々の仕事には、さまざまな制約がある。いろいろな法律や条例、規則、キマリ。さらにさまざまなシガラミやイキサツなど。そして、予算、時間、人手——など。

「改善のヘタな人」、つまり、「定

アレがダメ
コレがダメ
コレ
ソレ
ソレでもダメなら
アレ・コレで
床がダメ
壁がダメ
壁
天井

石＋事例の蓄積」の少ない人は、それらの「制約」にぶつかると、スグ、行き詰まってしまう。

あるいは、部下の提案やアイデアを、

「○○だから、ダメ」

「××のため、ダメ」

「できナイ、不可能、インポシブル」

などと言って却下。潰してしまう。

ところが、「改善のウマイ人」、つまり複数の視点から複数のアイデアを出せる人は、

「アレがダメなら、コレで」

「コレでダメなら、ソレで」

と、次から次に対策案を繰り出す。

よって、けっして行き詰まることがない。これが「改善力」である。

また、部下や周りの人にも、

「アアしたら、どうか」

「コウしたら、いいのでは」

「ソウいう、やり方もある」

——と、次から次に、「具体的なアドバイス」をすることができる。これが「改善指導力」である。

2

「箱詰め作業の改善」の研究

「には・ナゼ・どうしたら」で「持ち上げナイ化」の改善

「重い製品」を箱詰めする作業がある。一日に、何回も製品を持ち上げるので、腕が痛くなる。

改善のない職場では、その仕事に慣れていない人が、

「腕が痛い」
「腕が疲れる」

などと言うと、たちどころに、

「ガンバレ」
「根性だ」
「気合いだ」

など「あたたかい励まし」がなされることだろう。

あるいは、

「そのうち慣れるから」
「自分も、最初はそうだった。しかし、3カ月くらいガマンすると、平気になった。だから、アナタもガマンしなさい」

と「あたたかい慰め」がなされる。

だが、それらは、けっして「改善的」ではない。ナゼなら、そこには「やり方の変更」がないからだ。

たしかに、この程度の仕事なら、2、3カ月くらいガマンしてやっていれば、腕力もつくし、要領も覚え、慣れてくるだろう。

だが、慣れてしまえば、もう改善の必要はない。そのため、いつまでも、このような「仕事のやり方」が続く。

そして、この職場に新しい人がやってきた時、また、同じような会話、同じようなシーンが再現されるだろう。そして、それがいつまでも繰り返される。これでは進歩がない。

☆

ところが、「改善のある職場」では、慣れない人の、

「腕が痛い」
「腕が疲れる」

という「呟き」や「不満」に対して、「励まし」もなければ、「慰め」もない。

それどころか、逆に、

「ガンバルな」

「ガマンするな」

と言う。

そして、

「ラクになるやり方を考えろ」

「やりやすいやり方を工夫せよ」

と、改善を促す。

改善指導は「には・ナゼ・どうしたら」

だが、そんなことを言われても、新人には、「改善のやり方」などわからない。

ただ単に、

「考えろ」

「工夫せよ」

と言われても、そう簡単にアイデアは出てこない。

改善に慣れていない人には、

「どのように考えればいいか」

「どのように工夫すればいいか」

という「具体的な指導」が必要だ。

　といっても、たかが改善には、難しい理論や理屈など、一切不要。改善の初心者には、

「には・ナゼ・どうしたら」

の3語で充分だ。

　この場合の問題は、「腕が痛い」ということだ。ゆえに、「痛くナイ化」すれば、問題解決となる。

　なぜなら、「改善」とは「問題」をひっくり返すことだからである。つまり「痛い→痛くナイ化」が改善である。

　では、「痛くナイ化」する「には」、どうすればいいか。この「には」という言葉がモノゴトを具体化、改善実施への突破口となる。

　この「――には」の思考を進めるには、

「ナゼ、どうしたら」

という問いかけが威力を発揮する。

　つまり、

「ナゼ、痛いのか」

を考える。すると、

「筋力がないから」

「製品が重いから」

「持ち上げなければならないから」

――などといった「問題の原因」が明らかになる。

　原因がわかれば、話は簡単だ。その原因をひっくり返せば、それが「対策」となる。すなわち、
①「筋力がない→筋力をつける」
②「重い→軽量化」
③「持ち上げる→持ち上げない化」
――などである。

　もっとも、すべての対策がスグ、実施できるわけではない。ゆえに、改善はけっして、すべての対策を実施しようとはしない。

「デキナイことは後回し。とりあえず、デキルことからヤル」

というのが「手っとり早い改善的・改善実施」の原則である。

　まず、①の「筋力増強化」は、この仕事をガマンして頑張ってやれば、そのうち達成されるだろう。

　だが、それは改善ではない。ナゼなら、「やり方」の変更がないからだ。それは「くふう＝工夫」ではなく、「くろう＝苦労」に過ぎない。

　「やり方」を変えず、頑張り・ガマン・根性・精神力・鍛錬・修練――などで、問題に対処するのは「苦労的・対処法」であり、けっして「工夫的・対処法＝改善」ではない。

　次に②はどうだろうか。「重いのはイヤだ」と言って、作業者が製品の重さを勝手に変えるわけにはいかない。

　もちろん、技術や素材の進歩によって、やがては「軽量化」も図れるだろう。しかし、今スグ、実施・実現できることではない。

　この人は、今、「腕が痛い」という問題に直面しているのだ。ゆえに、今スグ、デキル対策でなければ改善の意味はない。

　では、③の「持ち上げナイ化」はどうだろうか。この人の「仕事の目的」は「製品の箱詰」である。けっして、

「持ち上げる」のが目的ではない。

　持ち上げるのは「箱詰」という仕事の「目的」を達成するための「ひとつの手段」に過ぎない。

　ならば、「持ち上げる」という手段にとらわれず、「別の方法」で箱詰できれば、「持ち上げナイ化」が実現され、問題解決となる。

　では、「持ち上げナイ化」する「には」、どうすればいいだろうか。「には」の解答を得るには、再び、「ナゼ」を繰り返すことだ。

　つまり、「ナゼ、持ち上げなければならないのか」を考える。すると、
①箱の「上」から入れるため
②箱の「高さ」を越えるため
――であることがわかる。

　原因がわかれば、対策は、それをひっくり返すだけでいい。つまり、
①「上から入れナイ化」
②「高さ」を「低くする化」
などで、この問題は解決される。

　まず、①の「上から入れナイ化」す

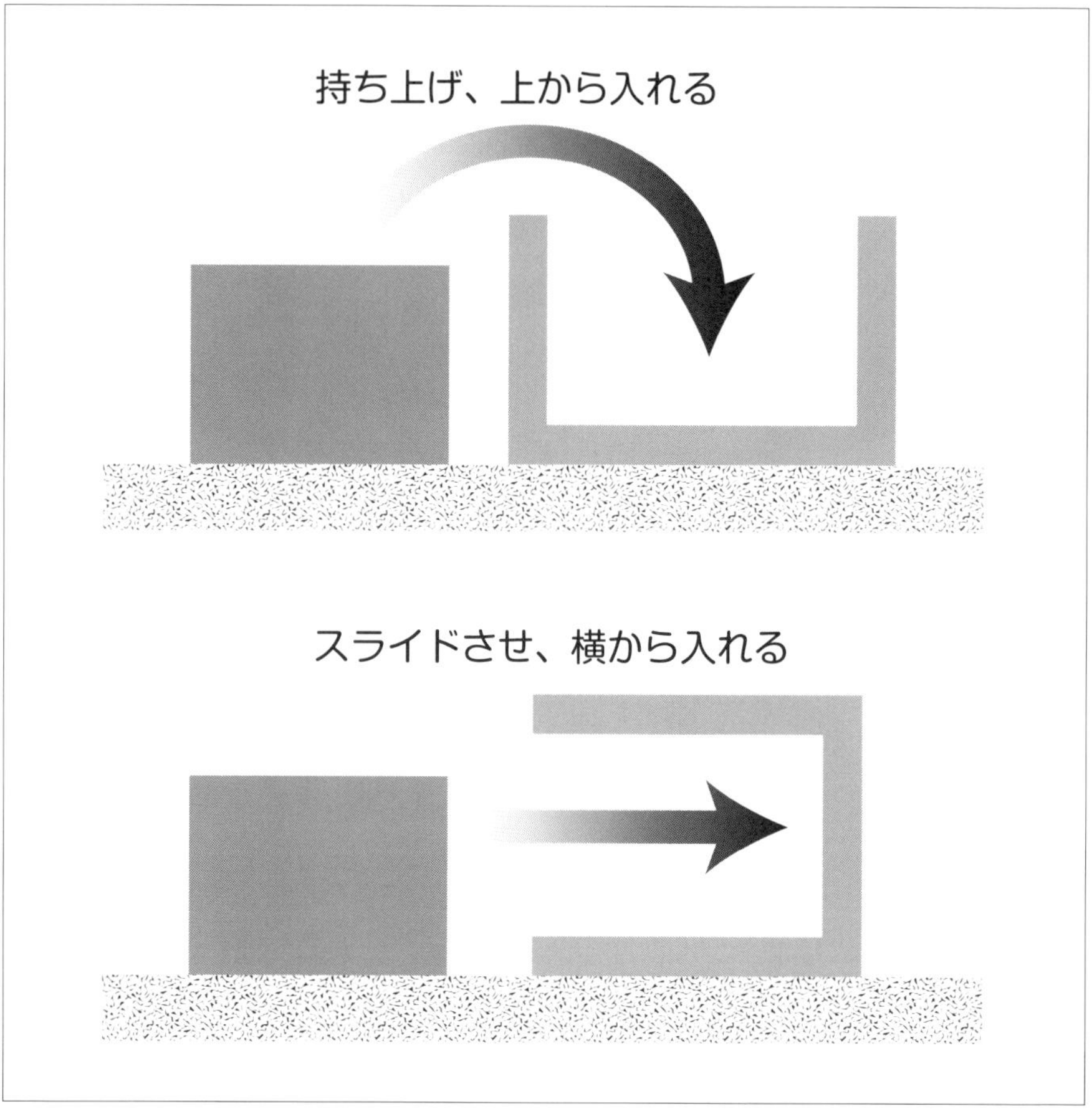
持ち上げ、上から入れる
スライドさせ、横から入れる

る「には」、どうすればいいか。たとえば、箱をヨコにして、「横から押し込む」という方法が考えられる。

　これなら、あまり持ち上げなくてもいいので、少しは、腕の痛みもなくなるだろう。

　もちろん、「横から入れる方法」では「やりニクイ」という声も出てくる。その場合は、その「ニクイ」をひっくり返して、「やりヤス化」すればいい。

　では、「やりヤス化」する「には」、どうすればいいか。それについては、別途、後で検討しよう。

「高さ」がダメなら「位置」を変えればいい

　話を元に戻して、②の「高さを低くスル化」はどうだろうか。もちろん、「箱の高さ」は、「製品の高さ」を勝手に変えられないのと同様、それは不可。

　しかし、「箱の位置」を変えることはできる。「持ち上げる」ということ

は、箱の高さそのものの問題ではなく、あくまでも「製品」と「箱」の位置関係に過ぎない。

「箱」と「製品」が「同じ位置」にあるから、「箱の高さ」以上に、製品を持ち上げなければならないのだ。

だが、「箱の位置」を下げると、どうだろうか。「箱の位置」を下げた分だけ製品を持ち上げる高さは低くなる。

箱の上部を「箱の位置・以下」にすれば、製品を持ち上げる必要はない。「落とし込む」だけでいいので、もはや、腕は痛くならない。これで問題解決だ。

だが、世の中はそんなに甘くはない。「箱詰めするもの」が頑丈なものなら、「落とし込み方式」でもいいだろう。

だが、「精密機械」などの場合、落とし込むなんで、とんでもナイ。キズついたり、故障の原因になる。

よって、「このやり方」は、とても採用できない。「改善のヘタな人」はここで行き詰まってしまう。そして、

「やはり、落とし込み方式はダメか。結局は、今までの持ち上げ方式で箱詰めするしかないのか——」
と諦めてしまう。

だが、「改善の達人」は、「ひとつのアイデア」がダメとわかってからが、改善のスタートである。つまり、

「アレでダメなら、コレで」
「コレでダメなら、ソレで」

という改善ノウハウの出番である。

「落とし込み方式」には「キズがつく」という問題があるなら、また改善すればいい。すなわち、「キズがつく→キズつかナイ化」すればいい。

では、「キズつかナイ化」する「には」、どうすればいいか。たとえば、

①箱の底にクッションを敷く
②箱を斜めにする

——などが考えられる。

そのうち、①のクッションは余計な手間やコストがかかるので、あまり勧められない。

だが、②の「斜めにする＝斜め化」というアイデアはどうだろうか。

製品は箱の内壁との摩擦によって、軟着陸する。よって、落下の衝撃でキズつくこともなければ、故障することもない。

この「斜め化」というアイデアは、先ほどの「横から押し込む方法」の「やりニクイ」という問題の解決法でもある。

つまり、横から押し込むのは力がいるので、やりニクイ。だが、作業台を傾け、箱を斜めにすれば、重力によって、製品は箱の中に入っていく。

余計な力はいらないので、ラクに箱詰作業をすることができる。つまり、「ラクちん化」という改善である。

これこそ、

「縦でダメなら、横」

そして、

「横でもダメなら、斜」

という発想である。

このように「斜め化」という改善に「至る道」は、必ずしも「ひとつ」ではないことがわかる。

つまり、

①「落下がダメ」
　→斜め化で、軟着陸
②「横から入れニクイ」
　→斜め化で、入れヤス化

という「異なる局面」からの発展であることがわかる。

「タテ・ヨコ・ナナメ」で制約を躱《かわ》す・捌《さば》く

「簡単な改善」をバカにした言葉に、

「タテのものをヨコにしただけ」
「右のものを左にしただけ」

——などがある。

だが、「タテのものをヨコにしただけ」で、仕事が、少しでも、やりやすく、ラクに、早く、快適に、安全にデキルようになったら、立派な改善だ。これに勝る改善はない。

だが、世の中はそんなに甘くはない。「タテのものをヨコにしただけ」で、

いつも、ウマクいくとはかぎらない。

品質やコストなど――いろいろな制約のため、それ「だけ」ではダメな場合もある。

「改善のヘタな人」は、そこで、

「タテのものをヨコにしてみたけど、やっぱり、ダメだった――」

と言って、諦めてしまう。

だが、改善の達人は、

「やってダメなら、また改善」

「それでもダメなら、また改善」

と言う。

つまり、

「ヨコでダメなら、タテ」

「タテでダメなら、斜め」

という、いわば「タテ・ヨコ・斜め」の発想である。

☆

改善は、「現実」との戦いである。「現実的制約」を躱し、捌き、乗り越えるには、「タテ・ヨコ・ナナメ」という「複数の角度」からの「複数の対応」が不可欠である。

「箱詰めの改善」は、「斜め化」だけではない。また、「別の観点」からのアプローチも可能だ。「持ち上げナイ化」するための方法は、けっして「箱の位置を変える」だけではない。

☆

たとえば、「順序」を変えるというアイデアもある。つまり、箱を組み立てる前に、製品を置き、その後、箱を組み立てるという方法だ。

これも、「ナゼ、持ち上げなければならないのか」という原因追及から生まれてきたものである。

「高さ」のあるもの、つまり、「立体の箱」に入れようとするから、持ち上げなければならない

ならば、箱を「立体化」する前の、「平面の段階」で製品を置けばいい。それなら、「段ボール紙の厚み分」だけ持ち上げればいいので、もはや、腕が痛くなることもない。

そして、その後、たとえば、「四方から壁をせり上げるなどの方法」で、箱を組み立てればいい。

むしろ、狭い工場などでは、このほうがいい。「空箱」に余計なスペースが取られないからだ。

「空箱」を用意しておくより、「平面」のままで保存しておき、製品を置いて、それから立体化、つまり、箱を組み立てるほうが、はるかに合理的である。

3 「順序・手順」を変えて仕事の「ラクちん化」

大仏が先か、大仏殿が先か

このように「順序を変える」という改善は、今に始まったことではない。昔からなされていることだ。有名な例としては、「奈良の大仏」がある。

一般的に、お寺に「仏像」を安置する場合、たいていは、

①マズ、お寺の建物を造る
②そして、仏像を運び込む

という順序だろう。

だが、「奈良の大仏」はそうはいかない。こんな「巨大な仏像」は、いったん造ったら、もう動かせるものではない。

ゆえに、この場合、

①先に、大仏を造る
②それから、大仏殿（建物）を造る

という順序だろう。

「大仏と大仏殿」、および「製品の箱詰め」の関係は、規模的には、ぜんぜん異なる。だが、「順序を変える」と

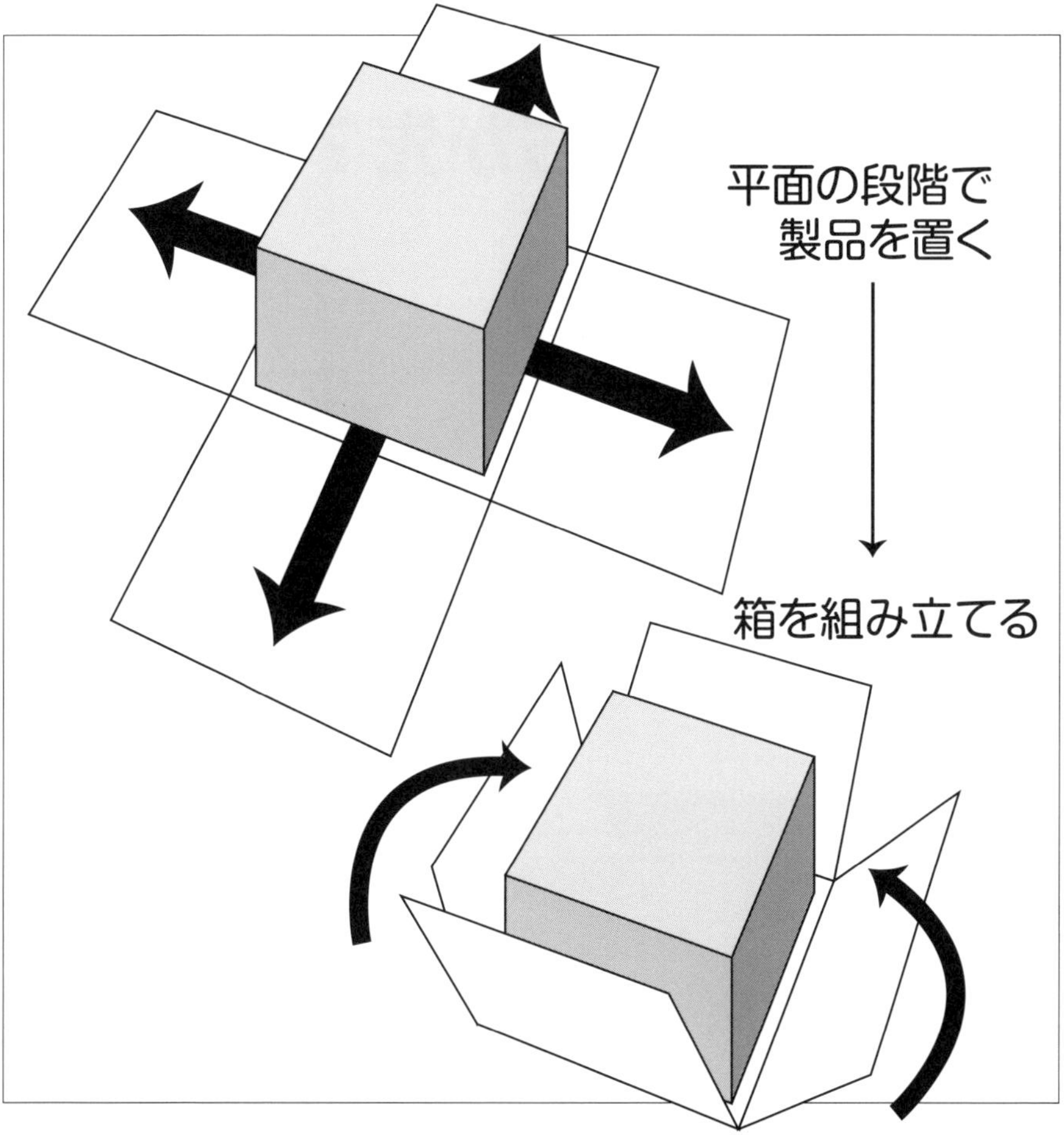

いうことでは、まったく同じ発想である。

このように「順序を変える」ことで、「やりニクイ仕事」を「やりヤス化」した、という事例は他にないだろうか。

「前・始末化」で「後・片付け」の「ラクちん化」

たとえば、「切屑」などのゴミが発生する作業で、「改善のヘタな人」は、作業が終わってから、それから散らかったゴミを片付けようとする。

小さなゴミなど、狭い隙間に入っているので、それらを完全に取り除くのは大変だ。ヘタをすると、作業よりも、「後・片付け」に多大な時間やエネルギーを費やすことにもなりかねない。

忙しい時にはそんなことをやっていられない。ゆえに、ゴミは散らかしっ放し。「汚い職場」になってしまう。

そして、仕事の能率低下。そのため、さらに、ゴミを「片付ける時間」が取

れなくなり、もっと散らかり、ますます汚なく――という悪循環に陥ってしまう。

だが、「改善の達人」は、そこで「仕事の順序」を変える。作業を始める前に、あらかじめ「大きなシート」を敷く。いわば、「前・始末」である。

作業中に発生したゴミは、すべてシート上にあるので、片付けはきわめて簡単。「隙間に入ったゴミ」を取り除くなどの苦労もない。

だいたい、作業が終わってからの「後の始末」、つまり「後・始末」では、ものすごく「余計な手間」がかかる。

だが、事前にシートを敷くなど、あらかじめ「前もっての対策」、すなわち、「前・始末」なら、「余計な手間やムダ」を省くことができる。

ナニゴトも、後手、後手に回るとゴテゴテになってしまう。だが、順序を変えて「先手」を打てば、快適化・効率化できる。

特に、油や塗料で汚れる作業では、

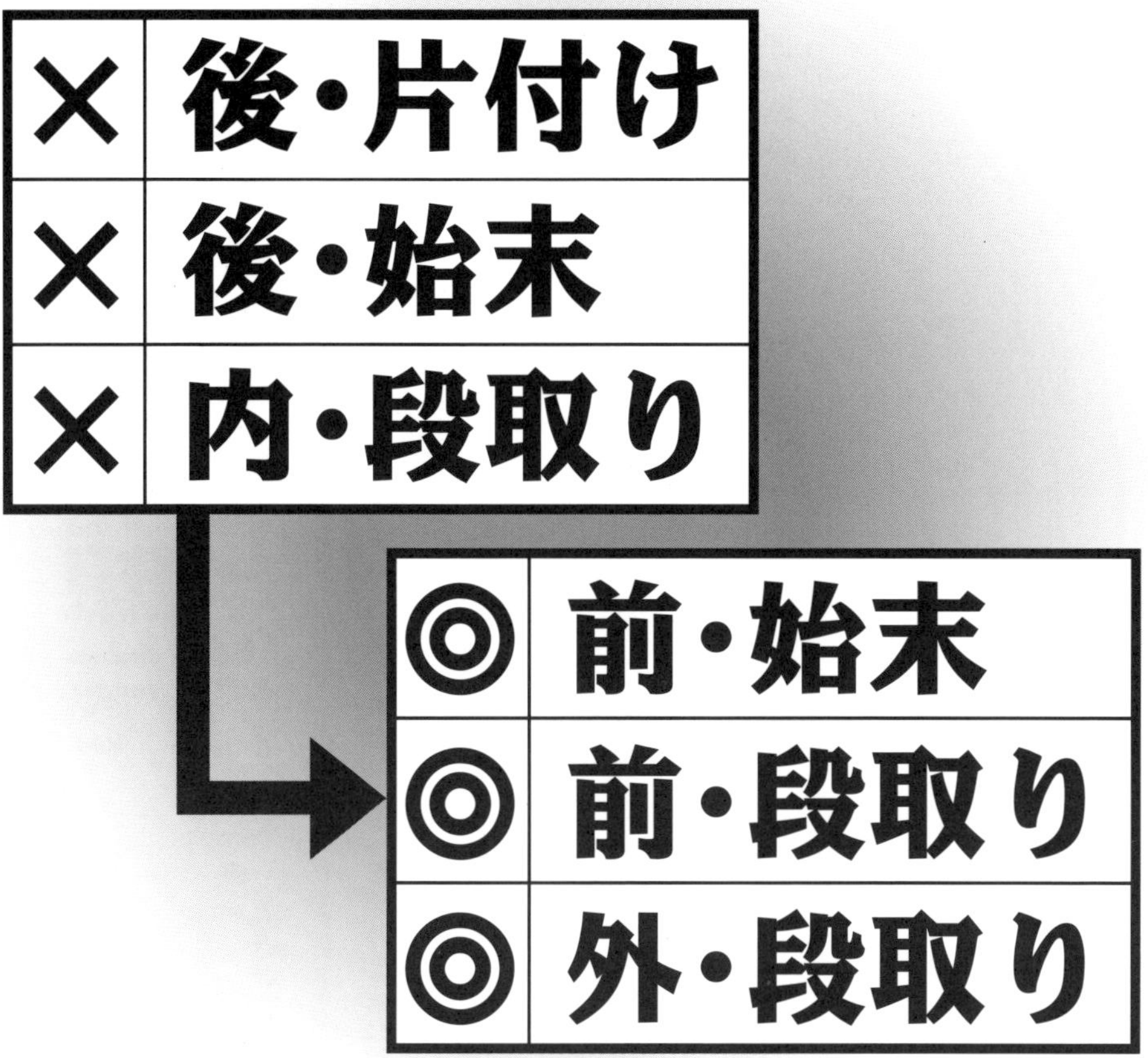
×
後・片付け
×
後・始末
×
内・段取り
◎
前・始末
◎
前・段取り
◎
外・段取り

いったん汚れてから、それを除去するのに膨大な手間がかかる。

だが、「仕事の手順」を変えて、汚れてはならない部分に、あらかじめマスキング・テープを貼るなど、「前・始末」を施すと、どうだろう。

作業が終われば、テープを外すだけでいい。「取りニクイ汚れ」を取るなど「手間のかかる虚しい作業」などまったく不要だ。

このように、同じ作業をするにしても、その「順序をちょっと変える」だけで、かなり、効率化・快適化・スムーズ化ができる。

「後・始末」の「前・始末化」を「段取り」と言う。「あらかじめの事前対応・先手対応」の重要性を強調するため、「前・段取り」という言い方をする人もいる。

また、「トヨタ生産方式」などでは「外・段取り」という用語が使われている。いずれにしても、基本的な意味は同じである。

4 「逆転の発想」で行き詰まりを打破・打開

「奈良の大仏」と「大仏殿」の建造順序に関して、別の「改善の原則」を学ぶことができる。それは、
①「軽・小」は動かしてもいい
②「重・大」は動かすべカラズ
ということだ。

「軽くて、小さいモノ」なら、簡単に動かすことができる。だが、「重くて、大きなもの」を動かすのは大変だ。「余計な力」や「多大な手間」が必要。それだけ危険度も高くなる。

そこで、仕事をラクに、早く、快適に、安全に――。つまり、効率化・快適化・安全化――するには、「軽重・大小・使い分けの原理」を適応しなければならない。

この観点から、「製品の箱詰め作業」を見直してみよう。すると、「別の改善の糸口」が見えてくる。
「なぜ、腕が痛くなるか」
という「問いかけ」に対する答えは、
「重いものを持ち上げるから」
そして、その対策は、
「持ち上げナイ化」
であった。

そこで、では、「持ち上げナイ化」する「には」、「どうすればいいか」という追求から、
①「箱の位置」を下げる（さらに斜め化）
②「順序」を変える（置→組み立て）
などの対策案が得られた。

だが、この問題の「解決法」はこれだけだろうか。他にはないだろうか。

たとえば、「重いものを、持ち上げるから」というのが「腕が痛くなる原因」なら、その対策は、
①「持ち上げナイ化」
だけではなく、
②「軽いものを持ち上げる」
という手もある。

つまり、「重い製品」を持ち上げるのではなく、軽い「空箱」を持ち上げたらどうか――という発想。

そして、その「空箱」を製品にかぶせればいい――というわけだ。

「空箱」なら、いくら持ち上げても、腕が痛くなることはない。これもまた「腕が痛くならナイ化」の改善である。

これは「重↔軽」を入れ替えたものだが、「別の視点」から見れば、「上↔下」を変えた「逆転の発想」でもある。

一般的に、「モノ」を「器」に入れる場合、たいていは、
①器を下に置く

「持ち上げナイ化」ではなく軽いものを持ち上げる

②上からモノを入れるという方法である。

特に、「入れるモノ」が「液体」の場合は、「器」は必ず、下でなければならない。そうでなければ液体がこぼれてしまう。

だが、「入れるモノ」が「固体」の場合には、「器の位置」は必ずしも「下」でなくてもいい。逆に、上から「器」をかぶせる方法でもいい。

「問題の発生」は「改善」の出発点

このような「上↔下」を逆転させるという発想は、実際にいろいろなところで実施されている。有名な例としては、「カップラーメン」の「充填工程の改善」がある。

日清食品が世界で最初のカップラーメンを開発した時、当初、通常の発想どおり、「カップ」を下に置いて、上から「麺」を入れる方法だった。

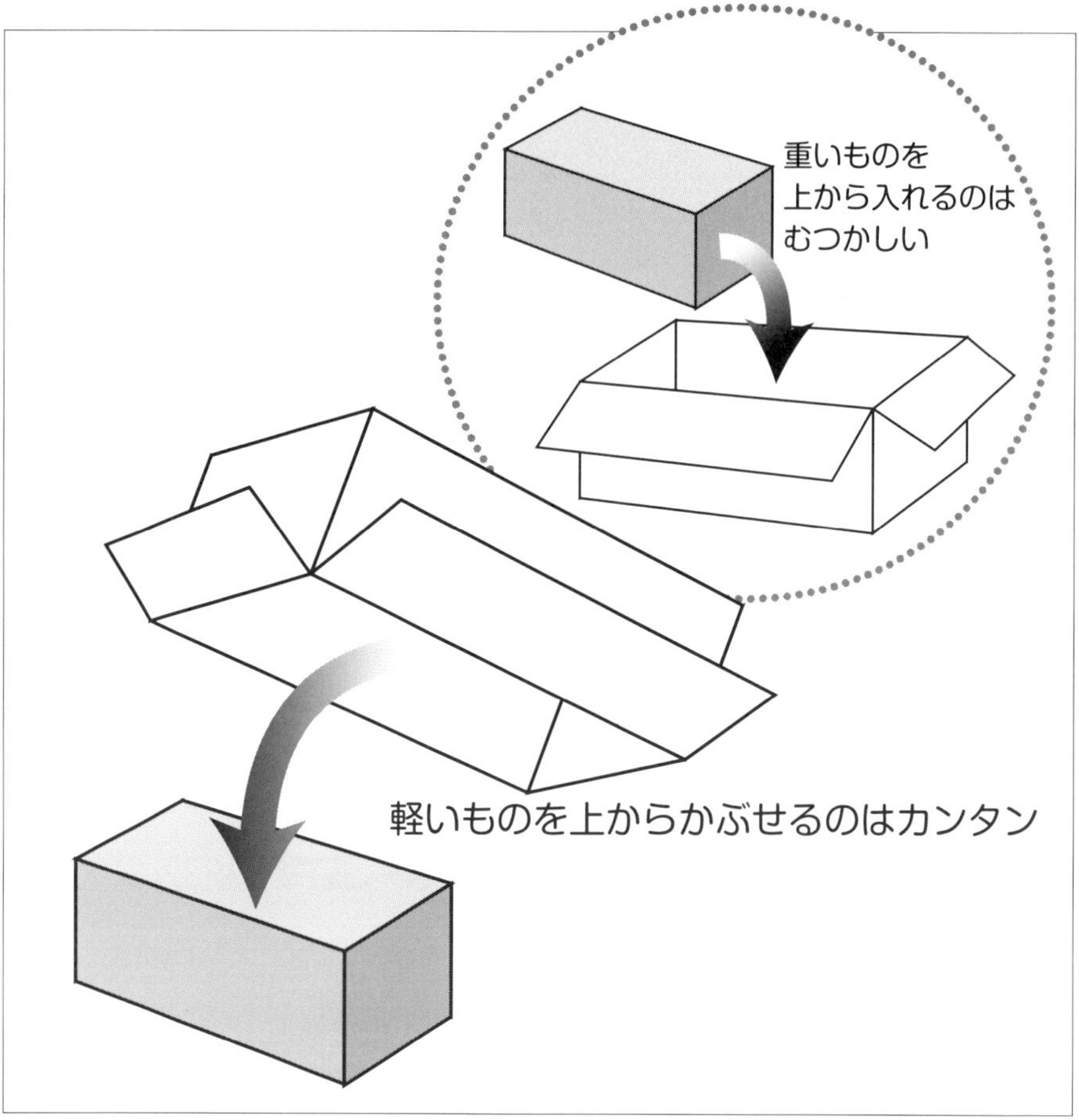
重いものを
上から入れるのは
むつかしい
軽いものを上からかぶせるのはカンタン

だが、「麺」を所定の位置まで入れるには、どうしても麺を押さえなければならない。そのため、パリパリの麺の上部が砕けてしまう。

すると、どうなるか。カップの蓋シールを剥がした時、「粉々に砕けた麺」が目に入る。たちどころに、「不良品ではないか」「欠陥商品ではないか」などのクレームにつながる。これではマズイ。

もちろん、麺が砕けないように、押し込む力を調整してみたり、いろいろ工夫を講じたのだが、どうも、うまくいかない。

弱い力で押せば、麺は砕けない。だが、所定の位置まで押し込めないので、「シール不良」というまた「別の問題」が発生する。

「改善のヘタな人」なら、ここで行き詰まり。そして、世界初の「カップラーメンの開発→商品化」を諦めてしまうかもしれない。

だが、「発想の豊かな人」、すなわち「アタマの引き出し」に「事例＋定石」の蓄積の多い人は違う。

そのような人にとっては、「ひとつの方法」が行き詰まってから、それから「本当の改善」が始まる。あるアイデアの「行き詰まり」は、「別の発想」の出発点に過ぎない。

そこで出てきたのが、「麺」を下に置いて、上から「カップ」をかぶせるという「逆転の発想」だ。

「カップ」なら、多少の力で押しても粉々になることはない。これにて、一件落着。おかげで、今や、世界的な日常食と言われるまでの「カップラーメン」の誕生となった次第である。

☆

このように、「上←→下」、あるいは「右←→左」「前←→後」など、「位置」や「順序」などを変えた「逆転の発想」による改善事例は、他にないだろうか。

それらの「具体的な事例」を「アタマの引き出し」に数多く蓄積するほど、

アイデアが出やすくなる。

たとえ「ひとつのアイデア」がダメでも、行き詰まったり、諦めたり、フテ腐れることはない。

「やってダメなら、また改善」

「それでもダメなら、また改善」

を「合い言葉」にして、また「別の角度」から、「別のアイデア」を考え出すことができる。

「欠点の発見」を「次の改善」につなぐべし

「重い製品」を持ち上げるのでなく、「軽い空箱」を製品にかぶせる――という発想を説明すると、必ずといっていいほど、

「かぶせっ放しではダメではないか」

あるいは、

「箱の蓋を閉じるため、箱を持ち上げ、ひっくり返さなければならない。結局は同じことではないか」

と指摘してくる人がいる。

さらに念を入れて、

「単に、製品を持ち上げるより、箱の分だけ、余計に重くなっているので、これは改善でなく、改悪である」

とさえ、言ってくる人もいる。

このような人には、とりあえず、

「いいところに気づいたね」

と、あたかも、子供を褒めるように対応するようにしてはいるのだが――。

当人は、「改善の欠点」を見つけ出して、得意になっている。だが、それだけでは「評論家」に過ぎない。

「評論家」は、他者が実施・実践したことの欠点を見つけ出し、批判するのは得意だ。

しかし、それから先の、

「それでは、どうすればいいか」

「それでは、どう対処すればいいか」

など、けっして自分で考えようとはしない。まして、自分で改善を――などという発想は皆無である。

せっかく、「他人の改善の欠点を見つけ出し、批判する優れた能力」を持っているのだから、それで満足せず、その能力を、

「それでは、どうすればいいか」

――という改善の方向に活用すればいいのに。だが、その方向にはアタマが働かないようだ。

この場合も、もちろん、製品に箱を「かぶせっ放し」でいいわけがない。この「仕事の目的」は「製品の箱詰め」であり、上蓋を閉じて、梱包を完成させなければならない。

では、どうすればいいか。何もバカのひとつ覚えのように、「箱をかぶせた製品」を持ち上げて、ひっくり返す必要はない。

この場合も、たとえば、

「作業台を傾け、箱をかぶせたまま製品を回転させながら、ひっくり返す」

などの方法がある。実際に、多くの工場では「このようなやり方」で梱包作業が進められている。

☆

改善というものは、必ずしも、一発で、

やってダメなら
また改善
それでダメなら
また改善

すべてが、うまくいくとはかぎらない。「良かれ」と思ってやった改善が、裏目に出たり、改悪になったり、他人に迷惑をかけることもある。

「ひとつの問題」が解決されても、また「別の問題」や「別の不都合」が発生することもある。「改善のヘタな人」は、そこで行き詰まり、諦め、フテ腐れる。

また、自分では何もしない「評論家」は、それらの問題を得意になって、指摘、批判している——というのが、改善が進まない職場の光景であろう。

一方、「改善の盛んな職場」では、
「やってダメなら、また改善」
「それでもダメなら、また改善」
ということが、常に言われている。

なぜなら、「ひとつの改善」をして「別の問題」が発生したら、また「別の改善」をすればいいだけのこと。

「問題の発生」は、「次の改善」、あるいは、「そのまた次の改善」の出発点に過ぎないからだ。

5

「改善の方程式」の活用

「改善ドミノ」で「玉突き改善」を

「重い製品の箱詰め作業」において、「腕が痛くなる」や「腕が疲れる」という問題に対して、
①箱の位置を低くする
②箱を傾ける
③置いてから、箱を組み立てる
④上からかぶせる
――などの対策が可能であることがわかった。

このように、「ひとつの問題」への対策は、けっして「ひとつだけ」ではない。

たいていの場合、いくつかの複数の対策が可能だ。このことを知っていれば、次に別の問題に直面した時、行き詰まることはない。

「アレがダメなら、コレで」
「コレがダメなら、ソレで」

あるいは、

「ヨコがダメなら、タテ」
「タテでもダメなら、斜め」

という発想で、次から次に、「異なる視点」からの、「異なる対策」を考え出すことができる。これが「改善力」である。

あるいは、部下や周りの人に、次から次に改善のヒントやアドバイスを与えることできる。これが「改善指導力」である。

☆

問題に直面した時、とりあえず、「デキルこと」からやってみればいい。

それで問題が解決できれば、それにて一件落着だ。

しかし、改善というものは、いつも一発で、うまくいくとはかぎらない。せっかくの改善が「裏目」に出ることもあれば、「別の問題」が発生することもある。

だが、その時こそ、

「やってダメなら、また改善」
「それでもダメなら、また改善」

という言葉とともに、「改善の本番」がスタートする。

もちろん、この「合い言葉」も単に念仏のように、唱えるだけではダメ。「次の改善」を引き出す「には」、「アタマの引き出し」に、数多くの「事

改善の方程式・改善の公式
（改善ドミノ＝玉突き改善）
見える化
わかる化
できる化
見やす化
わかりやす化
やりやす化

例＋定石」の組み合わせがなければならない。

あふれるほどの「事例＋定石」があればこそ、問題に直面した時、

「アレがダメなら、コレ」

「コレがダメなら、ソレ」

あるいは、

「ヨコがダメなら、タテ」

「タテもダメなら、斜め」

——といった調子で、アイデアや対策案が次々にあふれ出てくる。

「には・ナゼ・どうしたら」を繰り返す

もっとも、大量の「事例＋定石」の組み合わせも、「ため込みっ放し」ではダメ。それらを引き出さなければならない。

では、それらをうまく引き出す「には」、どうすればいいだろうか。

それは、

「には・ナゼ・どうしたら」

を繰り返すことだ。

問題に直面した時、「改善のヘタな人」は「困りっ放し」である。

困るだけで、何もしない。何もデキない。せいぜい、オロオロしたり、諦めたり、フテ腐れるだけ。

あるいは、

「ガンバロウ」

「頑張りマス」

「ガマン・根性・精神力」

などと言って、自分で自分を励まし、苦労一直線の人生を突っ走る。

それらは、どれも「改善的」ではない。「やり方」の工夫や変更がないからだ。

改善の方程式

一方、「改善の達人」は、「改善の方程式」を知っている。それは、
①「問題」をひっくり返す
②「原因」をひっくり返す
③「には・なぜ・どうしたら」
から成り立っている。

つまり、困ったら、それをひっくり返して、「困らナイ化」すればいいだけのこと。

☆

では、「困らない化」する「には」、どうすればいいか。まず、ナゼ、困っているのか、その「原因」を追及することだ。

そして、その「原因」をひっくり返せば問題解決、すなわち、改善となる。

なぜなら、

「改善」＝「問題の裏返し」

「対策」＝「原因の裏返し」

だからである。

たとえば、「困っている原因」が「やりニクイ」のであれば、その対策は「やりヤス化」である。

では、「やりヤス化」する「には」、どうすればいいか。ナゼ、「やりニクイ」のか、その原因を突き止め、それをひっくり返せばいい。

たとえば、「見ニクイ」というのが、「やりニクイ原因」なら、「見ヤス化」すればいい。

では、「見ヤス化」する「には」、どうすれば、いいか。やはり、「ナゼ、見ニクイ」のか、その原因を考える。

そして、その原因が「文字が小さい」のであれば、それをひっくり返して、「文字を大きく化」、つまり、文字を拡大化すればいい。

そうすれば、「見やすく」なる。すると、必然的に「やりやすく」なる。そして、「困らない化」、つまり「問題解決＝改善」に至るという図式。これが「改善の方程式」である。

改善のドミノ

あるいは、「見ニクイ原因」が「目立たナイ」のであれば、その原因をひっくり返して、「目立つ化」すればいい。

では、「目立つ化」する「には」、どうすればいいか。やはり、「ナゼ、目

立たナイ」のか、その原因を追及する。

そして、原因が「色が薄い」というのであれば、それをひっくり返して、「色の濃い化」すればいい。すると、

「目立つ化」

↓「見ヤス化」

↓「わかりヤス化」

↓「やりヤス化」

↓「困らナイ化」

といった調子で、「改善のドミノ」、あるいは「改善の玉突き」となり、問題解決に至り、一件落着となる。

「改善の方程式」とは、要するに、「改善のドミノ」、あるいは「改善の玉突き」に他ならない。

「改善の方程式」の代表的なものが、

「見える化→わかる化→デキル化」

という公式である。

これは、「できナイ」という問題は、
①ナゼ、「できナイ」のか
②「わからナイ」から
③「わかる化」するには、どうすれば
④ナゼ、「わからナイ」のか
⑤「見えナイ」から
⑥「見える化」するには、どうすれば
――という「ドミノ」によって、解決されることを示している。

「には＋ナゼ」を5回繰り返せ

トヨタ生産方式では、

「ナゼを5回、繰り返せ」

と言われている。

だが、それは、けっして、ただ単に、「なぜ」だけを念仏を唱えるように5回繰り返せばいい――という意味ではない。

正確には、

「〝なぜ→どうしたら〟を繰り返せ」

――と解釈すべきである。

なぜなら、ただ「原因」を考えるだけでは、「改善」にならないからだ。

「原因」を突き止めたら、次に、では、「どうしたら、原因を除去できるか」

「どうしたら、原因を潰せるか」

という「対策」まで踏み込まなければならない。

つまり、「なぜ」という原因追及は、「どうしたら――」という対策追求のための「手段」に過ぎない。

改善の実施には「どうしたら――」という「具体的な対策」が不可欠だ。

ゆえに、「なぜ」を唱えるだけでは、「改善の実施」には結びつかない。

☆

一般的に、「名言」というものはズバリ核心に迫るため、かなりの省略がなされている。

せっかくの「名言」を自分の人生や仕事の改善に役立てる「には」、その省略されている部分を、自分なりに、補うべきだ。

この「ナゼを5回繰り返せ」という言葉も、そこに省略されているであろう「どうしたら――」を補ってこそ、はじめて「自分の仕事の改善の実施」に活かすことができる。

第5章

「見える化→わかる化」の改善

1 「視覚化・見える化」の改善

「見える化→目立つ化」で「忘れない化」

「改善の定石」にはいろいろあるが、その中で最も効果的なのは「視覚化」であろう。

なぜなら、人間は五感のうち視覚が最も発達しているからだ。情報の大半は視覚を通じて得ている。

ちなみに、犬は嗅覚が、コウモリは聴覚が最も発達している。それぞれの動物は、それらの感覚をフルに活用して生きている。

「仕事の改善」においても、「視覚情報」を大いに活用すべきだろう。

それゆえ、「改善の現場」では、

＊「ビジュアル・マネジメント」
＊「目で見る管理」
＊「見える化」
＊「見やすい化」
＊「見せる化」

――などの言葉が使われている。

エアコンの「切り忘れ」を防ぐには

「視覚化＝見える化」による改善は、どのようなものだろうか。典型的な事例としては、「見えないものを、見える化した」という事例がある。

たとえば、エアコンのスイッチを切り忘れて、帰ってしまうということがある。

改善のない職場では、管理職が、

「誰だ。昨日、最後に帰った奴は。エアコンのスイッチが入れっ放しだった。電気代がムダじゃないか」

と、わめきたてる。

そして、切り忘れて帰った人は、

「スミマセン。今後、気をつけます」

と、謝っている。

だが、この問題は、単に、

「これから、気をつけます」
「今後、注意します」

だけでは、解決されない。

叱られた直後は、スイッチの切り忘れがないように、何度もチェックするだろう。だが、そんな緊張はいつまでも続かない。

気が緩んだ時には、またうっかり忘れてしまう。あるいは、バタバタして

何回言ってもダメなんだから……

徹底してほしいワ！

気をつけてちゃんとやらんかぁー！

ハイ！

はい

いると忘れてしまう。

すると、

「また、切り忘れている」

「いくら言ってもダメだ」

――という声が出てくる。

そして、

「今度こそ、徹底するように」

という強い通達がなされる。

この「徹底」という言葉は、どの職場でも頻繁に使われているだろう。

「徹底しよう！」

「徹底しなければならない」

――などと。

だが、この「徹底」という言葉が叫ばれている職場で、モノゴトが徹底されることはない。

なぜなら、そこに「やり方の変更」がないからだ。「やり方の変更」がなければ、また同じことが発生する。

そしてまた、

「徹底しよう！」

「徹底しなければならない」

の合唱の繰り返しとなる。

「徹底できる」ように「やり方の工夫」を

だが、「改善のある職場」では、「徹底しよう」ではなく、「徹底されるように、やり方を変えよう」と言う。

では、「やり方」を変えるにはどうすればいいか。「何」を、どう変えれば、徹底できるようになるだろうか。

そのためには、「ナゼ」という問いかけをしなければならない。つまり、

「なぜ、切り忘れるのか」

という原因の追及をしなければならない。

なぜなら、「対策」というものは、「原因の裏返し」だから。ゆえに、「原因」がわからなければ「対策」もわからない。

逆に、「原因」さえわかれば、改善ができる。なぜなら、「原因の裏返し」が対策だから。

では、なぜ、エアコンのスイッチの「切り忘れ」が頻発するのか。調べてみると、それはスイッチが入っているか、切れているか、わかりにくいからだと言う。

「小さなランプ」がついているが、そんなものは見逃してしまう。では、どうすればいいか。

「でっかいランプ」に取り換えるというのも、対策のひとつだろう。だが、それには工事も必要だし、電気代も余計にかさむ。

改善は「大変＝大きく変える」ではなく、モノゴトを「ちょっと変える・小さく変える」という「小変」に過ぎない。ゆえに、もっと簡単で、手っとり早くできる方法を探るべきだ。

すると、ある人から、

「とりあえず、吹出し口に細いヒモでも取り付けたらどうか」

という意見が出てきた。

その程度のことなら、スグできる。さっそく、「荷造り用のヒモ」をほぐして取り付けてみた。

スイッチが入っていると、ヒモが揺れるので目立つ。これなら見逃すことがない。これでエアコンの切り忘れを防ぐことができる。

☆

この「吹出し口にヒモを取り付ける」という事例は、「風＝空気の流れ」という「見えないもの」を「ヒモ」によって「見えるよう」にした、つまり、「見える化＝視覚化」の改善である。

「対策」＝「原因」の裏返し

スイッチの切り忘れに対して、

「気をつけろ」

「徹底せよ」

と叫ぶだけの職場と、

「とりあえず、ヒモを取り付ける」

という職場では、どちらが、実際に、「切り忘れ」を防ぐことができるだろうか。

たとえ、完全に防止できなくても、

改善前（問題点）	改善後（対策）
エアコンのスイッチを よく、切り忘れていた。	吹出し口に リボンを取り付けた。

あっ!
スイッチ
切り忘れている!
見ただけでは
わからないなぁ
OFF
ダラ〜リ
ON

（絵や図を簡単に）

効果	一目で、スイッチの「ON／OFF」がわかり、切り忘れがなくなった。

どちらが、「切り忘れ」の頻度を減らすことができるだろうか。

☆

「気をつけろ」

「徹底せよ」

などと、「叫ぶだけ」の職場では、

「切り忘れ」の原因は、

「たるんでいるからだ」

「注意が足りないからだ」

と思っている。


ゆえに、その「対策」は、「原因」の裏返しである、

「気をつけろ」

「注意せよ」

ということになる。


だが、それが「ピント外れの対策」に過ぎないことは、いつまでたっても徹底されないことからわかる。


一方、「ヒモを取り付ける」というささやかながらも「やり方の変更」で対処した職場は、「切り忘れの原因」を「人間」ではなく、

「わからないから」

「わかりにくから」

という「具体的な事実」に求めている。

そして、その「原因」を裏返して、

「わかる化する——には」

「わかりやす化する——には」

どうすればいいかと、「具体的な方法の変更」を考える。


このように、何を「原因」と考えるかによって、「対策」はまったく異なってくる。「具体的な対策」を得るには、「具体的な原因追及」が不可欠である。

ゆえに、問題に直面したら、

「には→なぜ→どうしたら」

の「3ステップ」が勧められる。

①「には」で「具体的対策」の追求

改善とは、

「困る→困らない化」

「間違える→間違えない化」

「忘れる→忘れない化」

のように「問題の裏返し」である。


ただし、何もしなければ問題を裏返せない。ゆえに、まず、

「困らない化する――には」
「間違えない化する――には」
「忘れない化する――には」
と「～には」という言葉で具体的な方法を追求する。

② 「なぜ」で「原因」の追及

「対策」とは、「原因の裏返し」である。ゆえに、「具体的な対策」を得るには、

「なぜ、困っているのか」

「なぜ、間違えるのか」

「なぜ、忘れるのか」

――の如く「具体的な原因」の追及が不可欠である。

③ 「どうしたら」で「対策」の追求

「原因」がわかれば、それを裏返すべし。すると、

「困らない化には、どうすればいいか」

「間違えない化には、どうすればいいか」

「忘れない化には、どうすればいいか」

という「具体的な対策」が見えてくる。


そして、とりあえず、「デキルこと」

から実施すれば改善となる。

　この場合、とりあえず、手元にあった「荷造り用のヒモ」を使った。だが、それでは殺風景だと言うのなら、後から「奇麗なリボン」に取り換えればいい。

　だが、最初から「奇麗なリボン」などと言っていると、即座の改善はできない。あり合わせのもので、とりあえず、やってみるというのが、「手っとり早い改善のコツ」である。

　なぜなら、改善は、とりあえずやってみて、その後で、いくらでも変更や修正・訂正が可能だから。

　もちろん、「大変なこと」は簡単に変更できない。ゆえに、「大変」は慎重に、計画的にやるべきだろう。

　だが、「改善＝小変」は、とりあえずやってみて、その後、少しずつ変えていけばいい。

たまには オモシロイ改善も

「風＝空気の流れ」を「見える化」する方法は、「ヒモ」や「リボン」だけではない。

　ある工場で、お祭りの縁日で売っている「かざぐるま＝風車」が機械につけられていた。

「何のため――」と聞くと、「冷却用ファンが回ると風が出て風車も回るので、それでスイッチが入っているか、切れているかが、一目でわかる」とのこと。

　もちろん、この場合、ヒモやリボンでもいい。だが、それだけでは味気ない。たまには趣（おもむき）を変えて、風車にしてみたとのこと。これこそ、文字通り「風流な改善」である。

☆

　改善は、「より簡単な、手っとり早い方法」を見つけ出すものだが、たまにはこのように、
＊「オモシロイもの」
＊「趣（おもむき）のあるもの」
――など、ちょっとした「遊び心」があってもいい。

　ガチガチの効率追求ばかりでは、息が詰まり、能率低下や事故をもたらす。むしろ、「仕事を快適化」するほうが、効率は上がる。

　また、改善活動を「持続・継続」、そして「定着化」させるためにも、「心のゆとり」をもたらす工夫も必要だろう。

蛇口の「レバー化」で「見える化」→「わかる化」

「見えないもの」は空気や風だけではない。鉄管の中を流れている水も見えない。

　ある工場で、温水槽の温度を調整するため「水」を入れていた。ところが、やはり、蛇口の「開け忘れ」や「閉め忘れ」が発生する。

　この場合も、

「気をつけろ」

「注意しろ」

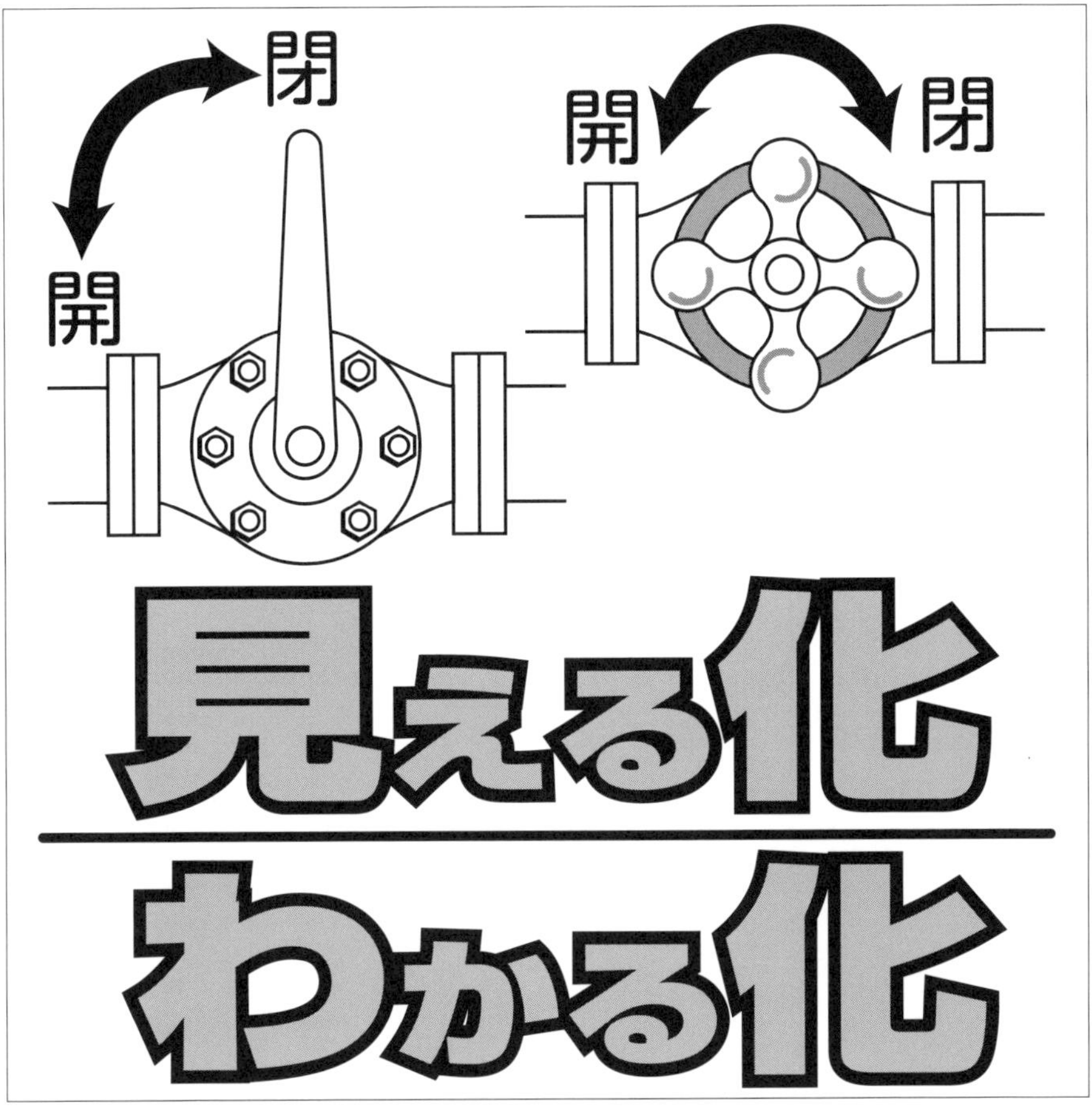

では、問題解決にならない。「やり方」を変えないかぎり、同じことが発生する。では、何を、どう変えればいいか。

この場合、マズイのは回転式のバルブが使われていたことだ。広い工場では、遠くからでは「開いている」のか、「閉まっている」のか、わからない。

ならば、遠くからでも「わかる化」すればいい。そして、多くの工場で採用されている「レバー式」にすれば――というアイデアが出てきた。

これなら、

「垂直なら、閉まっている」
「水平なら、開いている」

ということが、遠くからでもわかる。

☆

これは、「鉄管の中の水の流れ」という「見えないもの」を「レバーの角度」によって「見える化→ワカル化」したという改善である。

2

裏と表で「一目でわかる化」↓「迷わない化」

「見える化」→「わかる化」の改善

もっと身近な「視覚化＝見える化」の改善事例はないだろうか。たとえば、レストランの「注文票」はどうだろう。

食堂で、「何品」か注文したところ、残りの「一品」がなかなか出てこないことがある。

「まだですか」と聞くと、

「え〜。まだ出ていませんでしたかぁ」

との応答。とぼけた食堂である。

ところが、「ちゃんとした店」では、そのような不手際はない。なぜなら、全部の料理を出したら、必ず、「注文票」を裏返すようにしているからだ。

それによって、

「すべての料理を出し終わったか」

「まだ、出してない料理があるか」

どうか、一目でわかる。

つまり、「料理の納品状況」という、「わかりにくいもの」が、注文票の「裏・表」によって、

「見える化→わかる化」

「一目で、わかる化」

されている。

☆

そのアイデアをもっと発展させたレストランもある。それは「コーヒー付・ランチ」の改善である。

この店のランチは、「コーヒー付」と「コーヒーなし」を選べるようになっている。だが、昼食時の混雑時には、どのお客さんがコーヒー付か、そうでないか、わからなくなる。

そのため、ウエイトレスが、

「コヒー付だったかな?」

と迷う。モタモタしていると、気の短いお客さんから、

「コーヒーはまだか」

と催促される。

そこで、「コーヒー付」の場合は、注文票の上に、「コーヒー皿」を載せておくことにした。

これなら、食後にコーヒーを出すべ

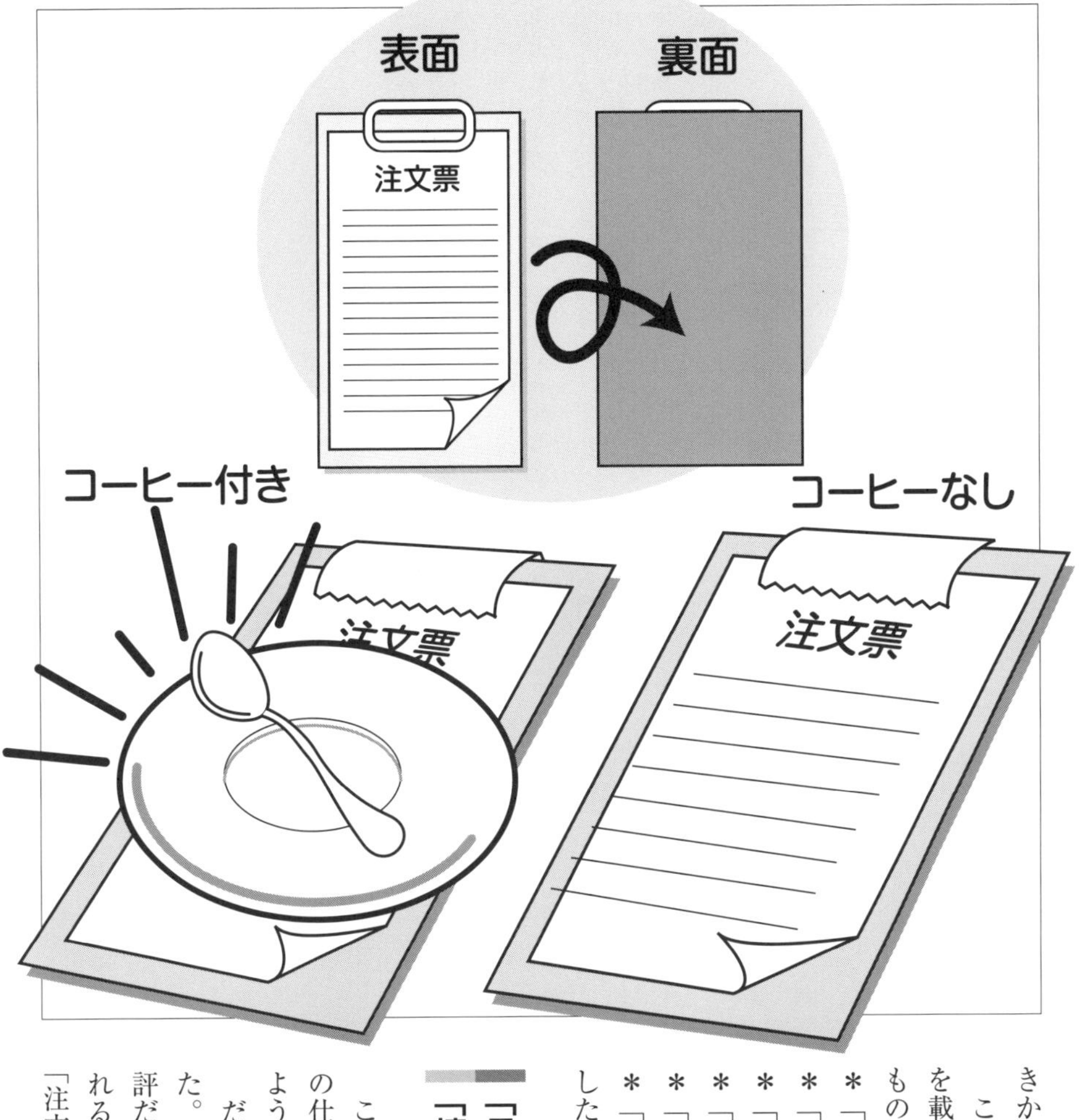
表面
裏面
注文票
コーヒー付き
注文票
コーヒーなし
注文票

きか、そうでないか、一目でわかる。

これは、あらかじめ「コーヒー皿」を載せておくことで、「わかりにくい」ものを、

＊「わかりやす化」
＊「誰でもわかる化」
＊「スグわかる化」
＊「一目でわかる化」
＊「迷わない化」
＊「悩まない化」

した、という改善である。

「見える化」で「情報共有化」→「安心化」

この改善は、ウエイトレスが「自分の仕事」がやりやすいよう、迷わないように自分のためにしたものである。

だが、「効果」はそれだけはなかった。お客さんにも「安心できる」と好評だ。お昼の混雑時など、少し待たされると、

「注文は通っているのだろうか」

「ちゃんとコーヒーは出てくるのか」と不安になり、イライラする。

しかし、注文票に「コーヒー皿」が鎮座していれば、誰の目にもわかる。忙しそうなウエイトレスに声をかけるのが憚られる時でも、皿を指して合図すれば、軽い催促にもなる。

☆

このように「見える化」の改善は、一方だけでなく、「双方」に効果をもたらす。「見える化」されていれば、お互いに「注文の内容」を共有化・確認できるので、安心できる。

つまり、「見える化」の工夫は、当事者同士の「情報・共有化」、そして「確実化・安心化」の改善でもある。

「ボード管理」で「モレない化」

典型的な「見える化」の改善は、工具や治具の「ボード管理」だろう。頻繁に使うものが道具箱の中では、いちいち取り出さなければならない。

それ以上に困るのが、「必要なもの」がちゃんとあるかどうか、一目でわからないこと。

そのため、仕事の最中に、

「あの道具がない」

「この治具がない」

と探し回ることになる。

だが、ボードに道具や工具の絵姿を描き、そこに戻すようにしておけば、誰でも、然るべきところに戻すことができる。

整理整頓の大原則は「定置化＝置く場所を定める」だが、ボード管理は、その最も効果的な方法である。

☆

ある工場では、「すべての道具」がボード管理されている。なぜ、そこまでするのかと聞いてみると、かつて、この工場で整備した飛行機が墜落したことがあったという。

そして、残骸を調べてみると焼け焦げたエンジンの中から、工具が発見されたとのこと。おそらく、整備した人が忘れ、それが事故の原因となったのだろう。

それから、

「使った工具は完全に回収せよ」

「工具回収を徹底せよ」

との厳命が下された。

だが、「徹底せよ」と言うだけでは、モノゴトは徹底されない。「やり方」を変えないかぎり、同じことが発生する。

そこで、「工具の完全回収」を徹底するため、すべての工具の「ボード管理」が採用された。

これなら、終業時にボードを見れば、すべて工具が、

「あるか・ないか」

「回収されているか、いないか」

など、一目でわかる。

ナニゴトも「一目でわかる」ことが重要だ。これが、

「何度も、見なければワカラない」

「何回、見ても、ワカラない」

というのでは、仕事にならない。

「オープン管理」で、「一目でわかる化」

「ボード管理」は、「オープン管理」とも言われている。その反対は「クローズド管理」だが、それは「扉」や「蓋」で、道具や部品が「見えない」という状況である。

そのため、部品の「在庫状況」がわからないので、肝心な時に、「品切れ」など不都合が発生する。

もちろん、「見栄え」が必要な場所では、「扉」や「蓋」も必要だろう。だが、仕事の現場では、それら不要なものは撤去して、「オープン化＝見える化」が勧められる。

オープン化すれば、モノゴトは、

＊「スグ、わかる化」
＊「誰でも、わかる化」
＊「よく、わかる化」

となり、「間違い」や「在庫切れ」などを事前に防止することができる。

3

「見える化」→「わかる化」の改善

たった一本の線で改善的・手抜き

駅のホームで、カバーを止めている「ネジ」の頭に、「一本の線」が描かれている改善を見つけた。

この線が真っ直ぐなら、「ネジ」はちゃんと締まっている。だが、線がズレていると、どうだろうか。

それは「ネジ」が緩んでいるか、締め過ぎか、どちらかである。いずれにしろ「不適切」であることがわかる。

この「一本の線」がなければ、「ネジ」がちゃんと締まっているか、どうか、いちいちドライバーを使って、チェックしなければならない。

数が多いので、非常に時間がかかる。そのため、忙しい時は、ついつい、「明日、点検しよう」「そのうち点検しよう」ということになる。

ところが、そのような時にかぎってネジが緩み、カバーがハズれたり、落下したりする。

だが、そこに「一本の線」があれば、「見るだけ」で簡単にチェックできる。

このように、「たった一本の線」が大きな効果をもたらす。

☆

改善とは、けっして「大掛かり」なことでなく、「小変=小さく変える=ちょっと変える」だけのこと。それは、この「一本の線」の事例からも実感、納得できるだろう。

「一本の線」で「戻しやす化→定置化」

では、他に「一本の線」による改善はないだろうか。典型的なものとして、「資料の背中に斜めの線を引く」という事例がある。

どの職場にも、自分が資料を使った後、元の所に戻さない人がいるものだ。そのため、他の人は「必要な資料」をスグ、取り出せないので困る。

このような人には、「元の所に戻すように」「定置化を徹底するように」と説教しても、あまり効果はない。

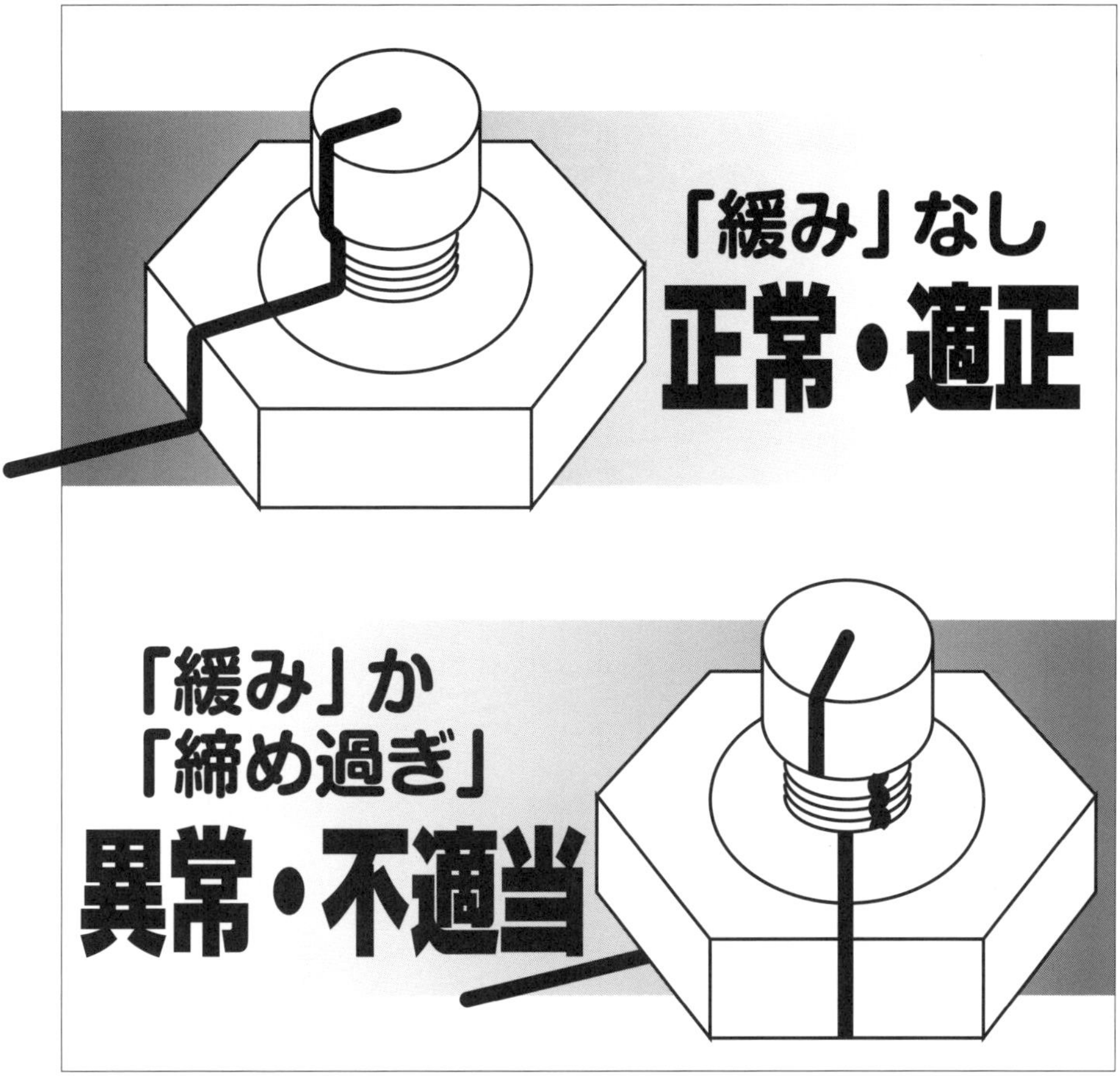
「緩み」なし
正常・適正
「緩み」か
「締め過ぎ」
異常・不適当

しばらくは、マジメに元に戻していても、やがて、デタラメになる。

お説教ではなく、

「元に、戻る化」

「元に、戻しやす化」

という改善をしなければならない。

と言っても、それは難しいことではない。資料の背中に「斜めの線」を描くだけである。それだけで、かなりの効果がある。

順序が狂うと、「一本の線」が乱れる。すると、人間の心理というものは不思議なものである。少し気になるので、正しい順序にしようかと思うものだ。

もちろん、資料の背には「番号」が記入されている。しかし、「番号」だけの場合と、「斜めの線」を付加したのでは、大きな違いがある。

「番号」というデジタル信号は、人間のアタマに「順序が間違っている」という情報を与える。だが、それだけのことで、ズボラな人は、それを訂正

一本の線＝改善

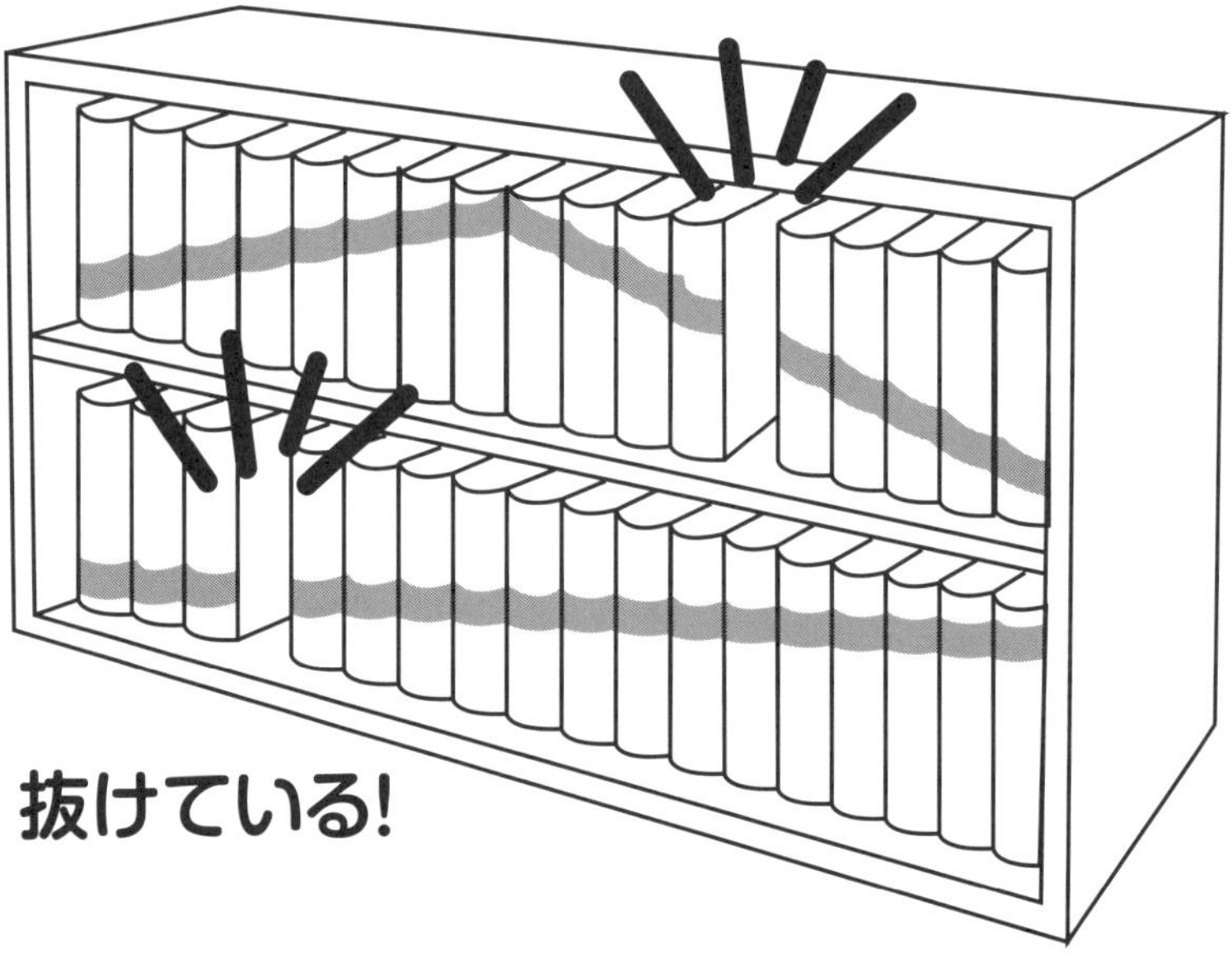

しようとはしない。

ところが、「一本の線」というアナログ信号は「人間の感情」に訴える。ちょっと気になるので、ちょっと直そうか――という気になる。

「最善」は「改善の敵」

ところが、このような「改善事例」の紹介に対して、

「小手先の対策に過ぎない」

という声が出てくる。

つまり、資料の背中に「一本の線」を引いても、やはり、元に戻さない人もいるというのだ。

また、「エアコンの吹き出し口」にリボンをつけても、スイッチの「切り忘れ」が防げるのは、最初のしばらくの間に過ぎない。

それらに慣れてきたら、また、「切り忘れ」が発生する。結局は元の木阿弥となる。

よって、このような改善は「根本的

な解決」になっていないからダメ――
というわけである。

☆

多くの人は、それらの意見に対して、

「そうだ。小手先の対策に過ぎない」

「根本的な解決でないからダメ」

と賛同されるだろう。

しかし、そのような人には、

「最善は改善の敵」

という言葉を贈ろう。

たしかに、

「絶対に、元に戻る方法」

「絶対に、忘れない方法」

があれば、それが一番いいだろう。

それが最善だ。しかし、最善にとらわれると、何もできない。

もちろん、仕事は「最善」を目指すべきだ。しかし、「最善」にとらわれてはならない。

☆

手っとり早く改善を実施するには、

「ベストを目指しながら、とりあえず、ベターから着手」という改善的アプローチが勧められる。

たとえば、事故や不良、あるいは遅れ、間違いなど、「10の問題」がある場合、それを一挙に「ゼロ」にしようとすると、大変なことになる。

「こんな装置や設備がいる――」
「システムを変えなければ――」

ということになり、スグには実施できない。

だが、改善は「10の問題」を一挙に「ゼロ」にしようというものではない。

むしろ、

「とりあえず、デキルことから」
「デキルことから、着手しよう」

というものである。

ゆえに、「エアコンの切り忘れ」という問題に対しては、

「とりあえず、吹き出し口にヒモを」
「とりあえず、リボンを取り付ける」

という対応が改善である。

それによって、「10回の切り忘れ」が、「9回」に減ったら、それで立派な改善だ。

もちろん、そこで満足する必要はない。まだ「9」も問題があるのだから。

最初の改善に対して、

「このリボンは、あまり目立たない」

などの声が出てきたら、「次の改善」の出番である。

「黄色や赤など目立つ色にしよう」

というアイデアが出てくる。

それによって、「9の問題」が「8」に減ったら、また改善である。

そして、

「リボンばかりで、見飽きた」

という声が出たら、また「次の改善」のチャンスである。

「それなら、風車でどうだ」

という対案が出てくる。

それでより多く注目を集め、「8の問題」が「7」になったら、それも改善だ。

「デキルこと」から「デキルところ」まで

このように、次々に工夫を積み重ね、最終的に「問題ゼロ」となるのが一番いい。しかし、世の中は、そんなに甘くはない。

最初のうちは、工夫すれば、それなりの効果が出てくる。だが、ある程度までいくと、何をやっても効き目がないという「壁」に突き当たる。

特に、「不良低減の改善」など、最初は面白いように不良率が下がる。しかし、やがて、何をやってもダメという「壁」が立ちふさがる。

☆

では、そのような「壁」にぶち当たったら、どうすればいいのだろうか。

その場合、そこで、やめておけばいい。

なぜなら、改善は「10の問題」を絶対に「ゼロ」にしなければならない、というものではないからだ。

「10の問題が、9になったら改善」
「9の問題が、8になったら改善」
「8の問題が、7になったら改善」

である。

つまり、少しでも「何らかの効果」があれば、すべて改善だ。「改善＝小変」は、「効果の大きさ」にはとらわれないからだ。

だが、「大変＝革新」は「大きな効果」が求められる。なぜなら、「大掛かりなこと」をやろうとすれば、必ずカネがかかるからだ。

そのため、あまり効果がなければ、

「これだけ多くのカネを使って、その程度の効果しかないのか――」

と叱責される。

つまり、「大変」の場合は、費用に対する「効果責任」が発生する。だから、「大変」なのだ。

ところが、「改善＝小変」は少しでも効果があれば、それでいい。ゆえに、改善は、気楽に、手軽に取り組むことができる。

4 「見える化」→「わかる化」の改善

簡単な改善から原理・原則・定石を学ぶ

「公開・改善セミナー」で、資料やネジの「一本の線」、または「エアコンの吹き出し口」のヒモやリボンなど、「簡単な事例」を紹介すると、必ずといっていいほど、

「なんだ、そんなものか」
「その程度のことか」

といった反応が出てくる。

「企業内・改善研修」の場合には、そのような声はあまり出てこない。それは、その会社の、実際の、「具体的な事例」を使用するからだ。

しかし、「公開セミナー」は、事務や販売、あるいは工場の人などいろいろな「業種・職種」が対象なので、誰にでもわかる「簡単な事例」を用いる。

そのため、

「なんだ、そんなものか」
「その程度のことか」

と言われる。

だが、そのような態度からは、何も学ぶことはできない。たしかに、「事例」そのものは、たいしたものではない。

しかし、どんなに簡単な事例でも、そこには、必ず共通した「改善の原理・原則・定石」がある。

☆

たとえば、「視覚化・見える化・わかる化」という定石。あるいは、「問題を一挙にゼロにするのでなく、とりあえずデキルことから着手する」という「改善実施ノウハウ」など。

これらの「原理・原則・定石」は、どんな業種・職種でも応用することができる。

ところが、「改善がヘタな人」は、いろいろな改善事例に対して、

「自分の仕事とは異なる」
「職種が違う」
「業種が違う」

と言う。

そして、だから、

「役に立たない」
「参考にならない」

と言う。

だが、そのような幼児的反応は、

「自分には応用力がない」

「応用力が欠落している」ということを宣伝しているようなもの。

なぜなら、世の中には、自分だけに「ピッタリの事例や教材」は存在しないからだ。

試しに、その人に同じ「業界」の事例を見せても、はやり、

「会社が違うから、役に立たない」

「規模が異なるから、参考にならない」

と言う。

ならばと、「その人の会社の事例」を見せると、今度は、

「部署が違うから、役に立たない」

「課が異なるから、参考にならない」

と言う。

このような人は、「乳幼児」が、母親がこまかく砕いてくれた食事しか消化できないようなものだ。ナニゴトからも学ぶことができない。

☆

一方、「改善のうまい人」は、どんな事例からも学ぶことができる。

「職種は異なるが、考え方は使える」
「状況は異なるが、原理は応用できる」
「業種は違うが、原理は同じだ」
「規模は異なるが、定石は使える」
――と。

これが「消化力→応用力」である。このような人にとっては「あらゆる事例」が、自分の「改善力強化の教材」となりうる。

「異業種」の事例が「応用力の教材」に

「公開・改善セミナー」に対して、「業界別コース」や「職種別コース」、あるいは「規模別コース」の開催希望が多々寄せられている。

だが、「改善セミナー」は、「すべての業種・あらゆる職種・いろいろな規模」の混成が勧められる。

なぜなら、「業界別・職種別コース」を求める人々は、さらに細分化を求めるからだ。

☆

たとえば、「事務部門の改善セミナー」を開催すると、その次は、
「総務部の――」
「経理部門の――」
「金融関係の――」
「出版関連の――」
などと。

そして、最終的には、「その人の職場」の、「その人自身の仕事」まで細分化を求める。

それは、まるで、
「ワガママを聞いてくれる家庭教師をつけてくれなければ、勉強できない」と言うボンクラ学生のようなものだ。それでは「改善力」は養えない。

むしろ、「異なる業種・職種」の改善事例から、「改善の原理・原則・定石」を読み取ることが、「改善力＝応用力」の強化につながる。

それは「企業内・改善研修」でも同様だ。やはり、職種や階層を横断した混成研修が勧められる。

通常の「実務研修」は「職種別」、あるいは「階層別」とすべきだろう。それぞれの「ニーズ」と「レベル」が異なるからだ。

だが、改善は「異なる職種の事例」でも充分に理解できる。なぜなら、「改善の原理・原則・定石」は、すべての職種や階層に共通しているからだ。

「異業種」から「発想・ヒント」を学ぶ

実際に、「すばらしい発想」のほとんどは、「異業種」からヒントを得ている。たとえば、「トヨタ生産方式」は「スーパー・マーケットの品揃え」から発想を得たと言われている。

そして、今では、逆に、「流通業界」がトヨタ生産方式から学び、さらに効率的・効果的な「仕事のやり方」の研究・工夫をしている。

あるいは、「フォード生産方式」は、

「牛の解体工場」がヒントになっている。「組み立て」と「解体」は、全く逆工程である。ところが、モノゴトの本質を見抜くことのできる人は、「逆の工程」からも、発想のヒントを得ることができる。

　この場合も、愚かな人は、

「自分は自動車の組み立てをしている。だから、牛の解体など、参考にならない、役に立たない」

と言うだろう。

　もちろん、改善は「トヨタ生産方式」や「フォード生産方式」の開発のような高度で革新的なものではない。

　しかし、「前例にとらわれず、やり方を変える」ということは共通している。

　すばらしい画期的な「革新」すら、「異業種」からヒントを得ている。ならば、より簡単な「改善」なら、もっともっと「異業種・異職種の事例」から発想転換のヒントを得ることができるだろう。

第6章

「○○活用」の改善の定石

1 「活用・利用・応用」など

「○○用」という改善の定石

手っとり早く改善を実施するには、「改善の定石」の活用が勧められる。

典型的改善の定石

典型的な「改善の定石」には、

・「見える化」
・「わかる化」
・「できる化」
・「視覚化」
・「同時化」
・「一体化」
・「定型化」
・「定置化」
・「リスト化」
・「パターン化」
・「ビジュアル化」

——などのように、「○○化」というタイプがある。

パターン化した定石

しかし、それだけではない。それとともに、「○○用」というパターンもある。

それは、

・「活用」
・「利用」
・「応用」
・「使用」
・「転用」
・「代用」

——など、語尾に「用」という言葉がついているもの。

このようなタイプの代表的な「改善の定石」としては、

・「機能活用」
・「補助具活用」
・「制度活用」
・「サービス活用」
・「機能の転用」
・「機能の代用」

——などがある。

☆

「○○化」は「変化」の「化」であり、それは「変化・変更」、つまり、「変える」ことを意味している。

それに対して、「○○用」は「活

用・利用・応用」などのように、「使いこなす」ことを意味している。

　つまり、いろいろな「機能・サービス・道具・器具」などを「うまく使いこなす」のが、「○○用」という「改善の定石」である。

☆

　「実施済み改善」ということに対して、かなりの人が、

「何か創るのが改善」
「新しく創るのが改善」

と短絡的に思い込み、

「改善は工場の現場でやるもの」
「事務職だから、改善は関係ない」
「営業職だから、改善になじまない」

——などと言っている。

　それらの「誤解・固定観念」を打ち砕くには、これら「活用・利用・応用・使用」などの「改善の定石」による説明が有効である。

2 機能活用の改善

「機能を使いこなす」のが改善

我々の仕事には、イロイロな問題がある。

＊「困難なこと」
＊「困ったこと」
＊「嫌なこと」
＊「苦痛なこと」

――など、多々ある。

そのような「問題」に直面した場合、改善しない人は「困りっ放し」のまま。ブツブツ文句を言っているだけで、何もしない。

だが、改善する人は、「すでにある機能」をうまく活用して、問題を解決し、困難を減少・解消している。

「電話の転送機能」を活用した改善

「機能活用」の身近な事例としては、「電話の転送機能を活用した改善」などがある。

オフィスの電話に、時々、ファックスが入ってくることがある。電話とファックスの「番号」が似ているので、間違って送信してくるのだ。

間違い電話なら、その旨を伝えて、電話を切ればいい。だが、ファックスでは手の打ちようがない。

受話器を取ると、ピーピー鳴るばかりだ。誰が送信してきたのか、わからないので、どうにも対処できない。

☆

ところが、その会社の電話には「転送システム」があった。それは、どの受話器からでも、任意の「内線番号」に転送できるというもの。

ある日、「電話が転送できるなら、ファックスも転送できるのでは――」という考えが浮かんだ。

試しに、電話にファックス送信してもらい、ファックスに割り当てられている内線番号をプッシュしてみた。すると、その「間違いファックス」は転送され、受信紙が出てきた。

それ以降、この事務所では、電話への「間違いファックス」はたちどころ

改善前（問題点）	改善後（対策）
電話にFAXが入ってくる。	FAXに転送した。
（電話番号とFAX番号が似ているため）	（内線番号に転送）
いきなりピーと耳をつんざく。	

（絵や図を簡単に）

効果　簡単に受信できた。不快が解消。

に転送され、イライラがなくなった。

これは電話の「転送機能」を活用し、「間違いファックス」の不快・不便を解消した「機能活用による改善」である。

すでにある機能を「使っただけ」で改善

この改善は、新しく「転送装置」や「転送システム」を作ったわけでも、改良したわけでもない。

ただ単に、従来から備わっている「転送機能」を「間違いファックス」の転送に応用・活用しただけのことである。

それだけで、不快・不便・不都合が簡単に解消されたのだから、立派な改善である。

このように、「すでに設置されている装置」や「備わっている機能」を活用し、少しでも効果があれば、それらは「機能活用」という改善である。

「ソフト」の機能活用

「機能活用の改善」は、設備・機器・装置——などのハード・ウエアだけではない。ソフト・ウエアもその機能を使いこなせば改善である。

パソコンのソフトには、イロイロな機能がある。それらを活用し、仕事をラクに、早く、快適化、確実化、効率化できれば、それは「ソフト機能の活用」という改善である。

たとえば、「エクセル」などの表計算ソフトには、

・条件に合わせ並べ替える（ソート）
・条件に合わせ検索する（サーチ）
・自動的に色を変える
・自動的に計算する
・グラフ表示する

——など盛りだくさんの機能がある。

それらを、うまく使いこなして、

・「間違い」が減った
・「見やすく」なった
・「見落とし」がなくなった
・「繰り返し」が不要となった

——などの効果があれば、それは「エクセルの機能活用」という改善だ。

「ソフトの機能」には、そのまま使えるものもあれば、「仕事の内容」に合わせて、設定しなければならないものもある。

そのまま使えるものは、そのまま活用すればいい。設定が必要なものは、設定して、うまく使いこなせば改善である。

もっとも、「パソコンのソフト」を活用するには、マニュアルや参考書を読むなど勉強しなければならない。

だが、それは、そんなに「大変」なことではない。少なくともパソコンやソフトを創るのに比べると、はるかに簡単な「小変」に過ぎない。

マニュアルや参考書を読むのが面倒なら、パソコンに詳しい人に聞いたり、教えてもらってもいい。

それは、

＊「他人の知恵活用」
＊「他人の情報活用」
＊「他人のノウハウ活用」

という改善でもある。

改善というものは、何もかも自分でやらなければならない——というものではない。

他人であれ、機器であれ、ソフトであれ、ナンでもカンでも使えるものは、すべて活用するのが改善である。

「使っただけ」で改善

ところが、このような「機能活用」の改善に対して、

「装置を使っただけじゃないか」
「ソフトを使っただけじゃないか」

などといった声が出てくる。

たしかに、その通りである。まさに、「使っただけ」に過ぎない。だが、その「使っただけ」が改善なのだ。

世の中には、便利な装置・機器・道具・ソフト——など、いくらでもある。

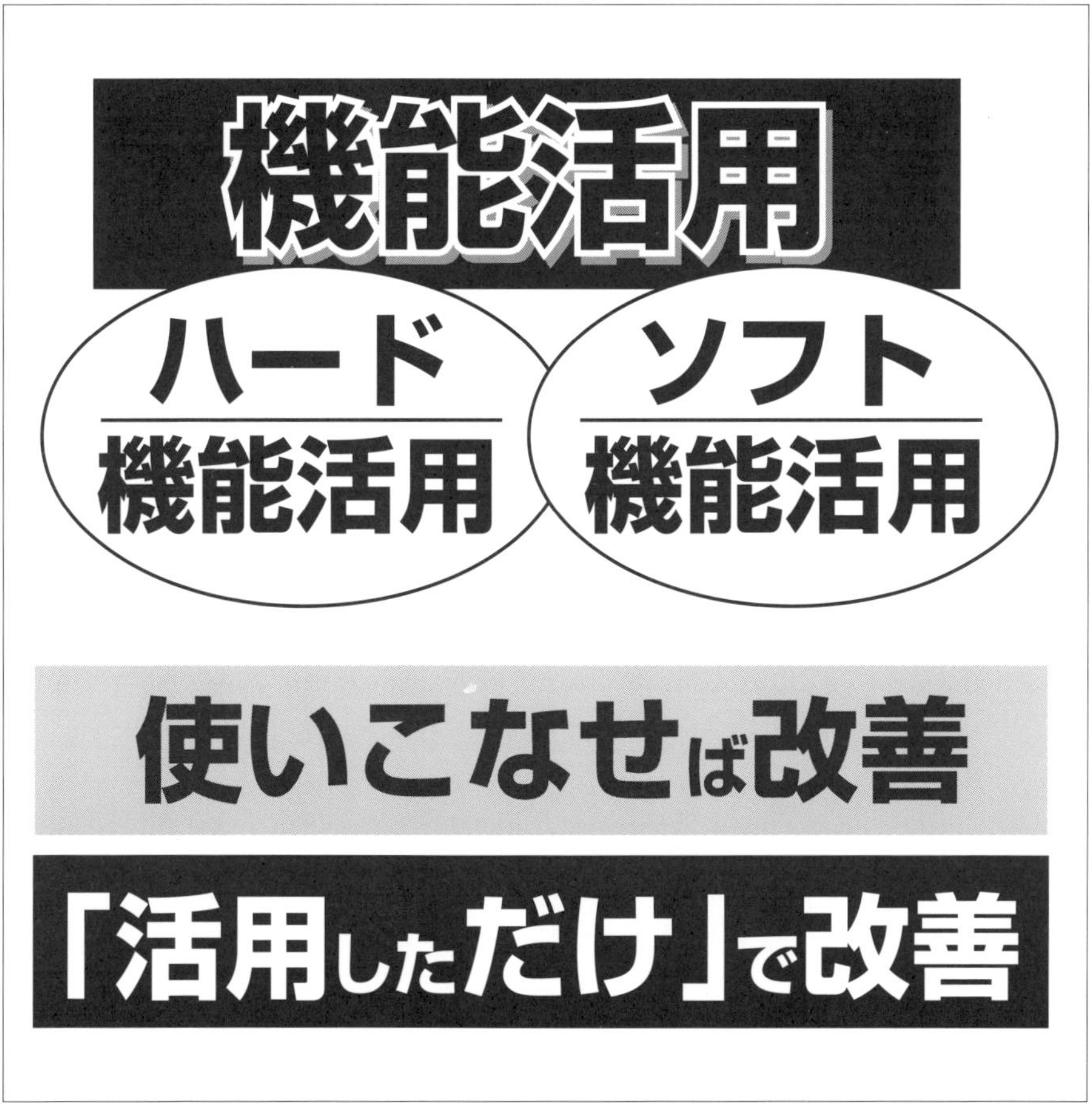
機能活用
ハード
機能活用
ソフト
機能活用
使いこなせば改善
「活用しただけ」で改善

だが、それらを、

・「知らない」

・「知ろうしない」

――などで、活用しない人がいる。

そのため、余計な手間をかけたり、間違ったり、イライラ・バタバタと不快・不便に悩まされ、効率の悪い仕事をしている。

一方、機器やソフトの機能をうまく活用し、ラクに、早く、快適に、効率的に、確実に、テキパキと仕事をこなしている人もいる。

この2人の「違い」は、どこにあるのだろうか。それは、ただ単に、機器やソフトの機能を、

＊「使いこなしている」か

＊「使いこなしていない」か

――の「違い」に過ぎない。

☆

機器やソフトの機能を使いこなせるということは、その人に「機能活用・能力」があるということだ。

「同じ性能のパソコン」を使ってい

ても、その「機能」をフルに活用している人と、そうでない人とでは「仕事の効率」は大きく異なっている。

複雑な仕事でも、パソコンの達人は、「マクロ機能・自動処理機能」などを活用して、一発で、的確に、間違いなく処理している。

一方、「マクロ機能」を知らないか、知っていても、それを活用しようとしない人は、同じような作業を、夜遅くまで繰り返している。

そのため、間違いだらけ。それを訂正するのに、徹夜までしている。これでは、とてもパソコンを使っているとは言えない。パソコンに酷使されているようなものだ。

かつては、パソコンやオフコンなど、OA機器を導入・整備することが生産性を左右していた。

しかし、今日のように、誰もがパソコンで情報処理をするようになると、「その機能」をどれだけ使いこなしているか、それが重要になってきた。

☆

各人の「機能・活用能力」の差が、そのまま生産性の格差となっている。

「機能活用・能力」は「改善能力＝改善力」なり

「機能活用・能力」は、

・知識力
・情報力
・知恵力

から成り立っている。

すでに備わっている機能を使いこなすには、「そのような機能がある」という知識がなければならない。

「そのような機能がある」ことを知っていれば、その機能を活用しようと、活用方法に関して、イロイロ調べたり、考え、工夫する。

一方、そのような知識がなければ、活用できない。せっかくの機能を活かせないので、まさに「宝の持ち腐れ」である。

「知識・情報」こそ、「機能活用」の第一歩である。

ゆえに、改善のデキル人は、常に、

＊「もっと良い機能はないか」
＊「こういう機能はないか」
＊「こういうことはデキナイか」

――と調べたり、尋ねたり、情報を収集している。

実施で「知識」を「知恵」に転化

ただし、「知識・情報」は持っているだけではダメ。それだけでは、単なる「モノ知り」に過ぎない。

「知識」や「情報」は、活用してこそ価値がある。

ゆえに、

「どうすれば、活用できるか」
「どうすれば、使いこなせるか」

を考え、工夫しなければならない。

使いこなし、活用することによって、知識や情報を「知恵」に転化すること

ができる。

といっても、そんなに難しいことではない。「たかが改善」のレベルでは、マニュアルや説明書を読んだり、詳しい人に教えてもらいながら、とにかく「やってみる」だけでいい。

「知っている」ことと「実施」の間には、大きな違いがある。だが、その溝は「やってみる」だけで、簡単に飛び越えることができる。

とりあえず、「やってみる」ことで、「知識」や「情報」を「改善力＝機能活用能力＝知恵」に転化できる。

☆

機器やソフトは、スゴイ速度で進化している。ゆえに、「新しい機能」を活用するには、常に、「新しい情報」が必要。

ただし、「たかが改善レベル」の情報は、けっして「大変」なものではない。新聞やテレビ、あるいは雑誌などで、誰もが、容易に、入手できる程度の情報で充分だ。

3 補助具活用の改善

「補助具」を活用すれば改善

*マグネット（磁石）
*リモコン（遠隔操作機）
*ネック・ストラップ（首ヒモ）
*リスト・ストラップ（手首ヒモ）
*スタンプ（判子）
*シール
*ステッカー
*ラベル
*スケール
*ホッチキス
*ダブル・クリップ
――などがある。

タイマーやアラームをセットしておけば、安心して、別の仕事をしたり、眠ることができる。

だが、「タイマーという補助具」を

ものである。

☆

たとえば、台車やキャスターを活用すれば、重い荷物でも、早く、安全に、快適に運ぶことができる。それが「補助具・活用」という改善だ。

また、マジック・テープを使えば、手っとり早く、簡単に、着脱できる。それは「マジック・テープ＝補助具」を活用した改善である。

とにかく、仕事を「補助・援助」してくれるものは、すべて補助具である。

身近なものとしては、

*タイマー
*アラーム（目覚時計）
*ミラー（鏡・反射鏡）

仕事を補助・援助してくれる「補助具」

「機能活用」とともに、「日常的な改善」で活躍しているのは、「補助具・活用」という定石である。

*「道具」
*「工具」
*「器具」
*「治具」
*「支持具」
*「補強具」
――など「具」のつくものは、仕事をラクに、快適に、安全に、効率的にデキルように「補助・援助」してくれる

使わなければ、何かに夢中になっていると、ついうっかり時間を過ごしてしまう。

そのため、ずっと時間を気にしなければならない。イライラして、気が休まらない。仕事に集中できない。

バック・ミラーやサイド・ミラーという補助具がなければ、イチイチ後ろを振り向かなければならない。これでは安全運転・快適運転はできない。

リモコンを活用すれば、その場で、簡単にテレビやエアコンのスイッチを入れたり、切ったり、あるいは調整することができる。

もちろん、このような便利な道具やツールなどだけが「補助具」ではない。単なる「ヒモ・板・紙――」などのような素材でも、それらをうまく使いこなせば、すべて「補助具」となる。

「使っただけ」で改善

ところが、このような「便利な補助

具」を活用したという改善に対しても、

「○○を使っただけ」

「○○を使っただけではないか」

といった声が出てくる。

だが、その「使っただけ」ということが改善である。それは、その人が「補助具・活用能力」を持っていることの証明である。

なぜなら、「改善のデキナイ人」は、せっかく「便利なもの」があるのに、それらを、うまく「使いこなす」ことができない。

そして、イライラ・バタバタ・ウロウロと、「効率の悪い仕事のやり方」をいつまでも続けている。

とにかく、ナンでも、カンでも、「使えるもの」をうまく使いこなしたら改善である。

それによって、少しでも、仕事が、ラクに、早く、安全に、快適に――なったら、それらはすべて「補助具活用」という改善である。

補助具活用の3段階

「補助具」は、状況に応じて、

①そのまま使う

②加工・改良して使う

③新しく創り出す

という「3段階の活用法」がある。

1 そのまま使う……………

そのまま使えるものは、そのまま使えばいい。それが、最も手っとり早い改善である。

最近は、ちょっとしたものなら、100円ショップやホーム・センターなどでも、簡単に入手できる。

便利な小道具がイロイロあるので、それらをうまく活用すれば改善だ。とにかく、「使えるもの」は、かたっぱしから使いこなすのが改善である。

2 加工・改良して使う……………

もちろん、すべての場面で、市販品や出来合いのモノが、そのまま使えるわけではない。

そのまま「使えない」のならば、使えるように「使える化」すればいい。

つまり、状況に応じて、加工・改良すればいい。あるいは、別の用途に「転化・転用」するという手もある。

「○○用」として作られたり、売られているからといって、その用途だけに限定しなければならないというわけではない。

たとえば、マジック・インクなどの油性ペンは、緊急時には、火をつけてローソク代わりにすることもできる。

また、「ホッチキス」は、紙を綴じ

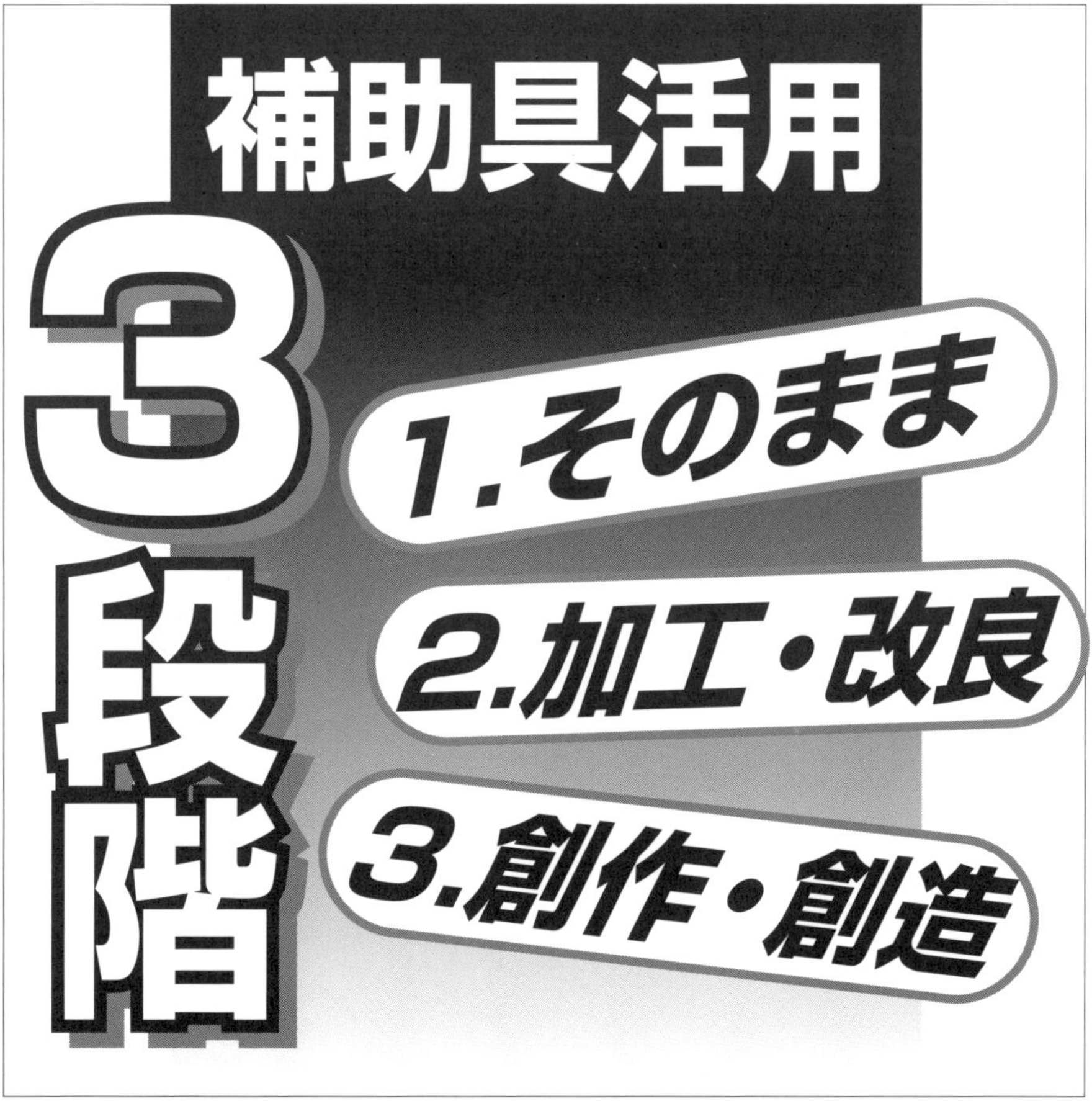
補助具活用
3段階
1.そのまま
2.加工・改良
3.創作・創造

るだけなく、壁に打ち込めば「押しピン」の代用にもなる。

3 新しく創り出す…………

すでにあるもの、あるいは、それらを加工・改良・転用・転化するだけでは、使えないものもある。

そのような「特殊なもの」は、新しく制作や創作しなければならない。だが、それらも、全くゼロから創り出す必要はない。

すでにあるものを「組み合わせ・再構成」することでも、「特殊な機能」を生み出すことができる。

改善は何よりも、「手っとり早さ」を重視する。それゆえ、たとえ、特殊で新しいものを創るにしても、手っとり早い方法を工夫すべきだ。

それには、「モジュール化・コンポーネント化・組み合わせ化」などのノウハウ活用が勧められる。

4

補助具活用で改善

「一人でデキル化」の改善

反射鏡でランプの確認の改善

ある自動車修理工場では、ブレーキ・ランプや方向指示ランプなどを点検するのに、「ひとり」が運転席で操作し、「別の人」が、外でランプの点灯状況をチックしていた。

相棒がいる時はいいが、休んだり、他の用事などで相手が不在の場合、「ひとり」ではランプの点検ができない。

その場合、改善のない職場では、

「ひとりでは、仕事ができない」

「補助者なしでは、点検できない」

などと言って仕事を中断してしまう。

ところが、改善の盛んな職場では、

「補助者がいなければ、補助具を」

「補助者の代わりに、補助具を使え」

という声が出てくる。

「補助者」か「補助具」か

そこで、「補助具活用」という改善の出番である。この場合、最も簡単な「補助具」は、「鏡＝ミラー・反射鏡」だろう。

車の前後の「壁」に「鏡」を取り付ければ、運転席からでも、一人で、簡単に、ランプの「点滅・点灯状況」を確認できる。

それまで、「一人ではデキない」と言っていた仕事が、鏡という補助具で、「一人でデキル化」された——というわけである。

このように、「一人ではデキない」つまり、「補助者が必要な仕事」でも、「補助具」を活用すれば、「補助者」の代用とすることができる。

この場合、「補助具活用」という「改善の定石」は、

＊「一人でデキル化＝補助具活用」

＊「補助者＝補助具で代用化」

などと、より具体化することもできる。

☆

このような「具体化された定石」を「アタマの引き出し」に数多く蓄積す

改善前(問題点)	改善後(対策)
ランプ類の点検には補助者（外で見てくれる人）が必要だった。	前後の壁に鏡を取り付けた。

(絵や図を簡単に)

効果　一人でランプの点検ができるようになった。

ることが、「問題への対応力」つまり、「改善力＝改善能力」となる。

すると、今後、

「一人では、デキない」

「一人では、難しい」

という問題に直面しても、困ったり、悩むことはない。

☆

そのような場合には、

「一人でも、デキル化する・には」

「一人でも、やりやす化する・には」

——「どうすれば、いいか」を考えればいい。

そして、「アタマの引き出し」から、

＊「一人でデキル化＝補助具活用」

＊「補助者＝補助具で代用化」

——などの「定石」を取り出せばいい。

反射鏡で可視化・見える化

「鏡」や「反射鏡」という補助具は、「見えナイものを、見える化する」つまり、「可視化の改善」に威力を発揮する。

たとえば、日付などの「印字具合」をチェックする仕事において、位置関係が悪く、ワザワザ製品を動かしたり、裏側に回ったり、あるいは、体や首を捻らなければならない場合がある。

もちろん、大掛かりなレイアウトの変更でもすれば、解決できるだろう。だが、それは大変だ。即座にデキルことではない。

そのため、「改善のない職場」では、そのような「不自然な姿勢」や「ムダな動き」がいつまでも続く。

ところが、「この程度の問題」などは、「補助具活用」という改善で、簡単に解決できる。

「鏡の反射」を利用すれば、イチイチ裏側に回ったり、品物を動かしたり、体を捻る必要はない。

これが「補助具活用」による、

＊「見える化・わかる化」
＊「やりやす化・容易化」
＊「その場でデキル化」

――という改善である。

☆

最も身近な「鏡を使った可視化」の事例は、自動車のバック・ミラーやサイド・ミラーなどだろう。

これは、

・「後方の状況がわからナイ」
・「振り返らないと、見えナイ」

――という問題を、「ミラー」という補助具を活用することで、

・「見える化」
・「そのまま見える化」
・「振り返らなくても、見える化」
・「首を捻らなくても、見える化」

する改善である。

しかも、バック・ミラーは「凹面鏡」なので、平面鏡に比べ、後方の状況がより大きく、より良く見える。

工夫で「補助力」の強化

潜水艦の「潜望鏡」も、

「潜ったままで、見える化」
「浮上しないで、見える化」
「相手に見つからず、見える化」

という「可視化」の事例である。

もちろん、これは「単純な鏡」ではなく、レンズやプリズムなどを組み合わせた高度なものだろう。

☆

内臓の検査や手術などに使われている内視鏡には「光ファイバー」が活用されているが、これは「無数の鏡」を連続的に「組み合わせたもの」と言ってもいいだろう。

このように、「補助具」は「形状」や「素材」を変えたり、あるいは「組み合わせ」によって、より強力な機能、あるいは、「別の機能」を提供することができる。

「支持・保持」は「補助具」で手抜きすべし

「補助具活用」による「一人でデキ

ル化」の事例としては、「支持・保持」からの「手抜き」という改善がある。
加工物を固定するため、手で押さえるという動作。あるいは、落下物を受け止めるため、容器を持つなど。
このような「支持・保持」という動作こそ、「補助具活用の改善」で手抜きしなければならない。

☆

「支持・保持」には「手偏」の漢字が使われているが、このように、
＊「手を使う」
＊「手間がかかる」
――という場面こそ、「固定具」や「支持具」など、「補助具」による「手抜き」のチャンスである。

それによって、「両手が使える」という利得、あるいは、安定化・安全化・安心化などのメリットを得ることができる。

5 サービス活用および制度活用の改善

「○○活用・改善」の対象は、機器やソフトだけではない。世の中にある「制度」や「システム」、あるいは「サービス」など、それらを活用するのも改善だ。

たとえば、「宅急便」や「宅配便」などのサービスをうまく活用すれば、それも改善である。

☆

昔は「郵便小包」しかなかった。ゆえに、ワザワザ、郵便局まで行かなければならなかった。

だが、今はそうではない。宅急便や宅配便など、便利なシステムがある。

しかも、それらには、

＊配達時間を指定できる
＊往復便もできる
＊集配に来てくれる
＊24時間受付（コンビニにて）

など、便利な「機能」や「サービス」が付加されている。

さらに、荷物が届いたかどうか、相手が受け取ったかどうか、あるいは、現在どこに荷物があるか――などもインターネットでわかるようになっている。

これらの「制度」や「サービス」をうまく使いこなして、

・早く送れた
・安く送れた
・ラクに送れた
・確実に送れた
・間違いなく送れた

――などの効果があれば改善だ。
それは宅配便・宅急便などの「システム」や「制度」、あるいは「サービス」をうまく「使いこなした」という、

・「システム活用」
・「制度活用」
・「サービス活用」

――という改善である。

創るのは「大変」使うのは「小変」

もっとも、全国的な配達網の完備が必要な「宅配便のシステム」を創るのは「大変」である。誰もができること

ではない。

単なるアイデアだけでなく、それを実施・実現させるには、多くの困難・苦闘・苦労があったことは、言うまでもないだろう。

「より便利なシステム」を整備するのは、技術的にも大変だ。また、莫大な投資も必要だろう。

しかも、「新しいサービス」の提供には、「省庁の縄張り」や「前例を守ること」しか、関心や能力のない「アタマの固い役人」との虚しくも、壮絶な戦いがあったようだ。

とにかく、「新しいシステム・制度・サービス」を「創り出す」という「革新・改革・変革」を実施・実現するのは「大変」である。

しかし、いったん「創り出されたシステム」や、すでに「稼働している制度」を活用するのは、それほど難しいことでない。

☆

たとえば、宅配便のさまざまなサー

ビスを利用するには、

・パンフレットや説明を読む
・電話をかけて尋ねる
・担当者から説明してもらう

——程度のことで充分だ。

つまり、制度やシステムを「創る」のは「大変」だ。だが、それを利用・活用するのは、けっして「大変」ではない。それは誰もが、簡単にできる。まさに「小変」に過ぎない。

☆

このことは、「パソコン」や「ＯＡ機器」などの「機能活用」に関しても同様である。

パソコンという「ハード・ウエア」にしても、またさまざまなプログラムなど「ソフト・ウエア」にしても、それを創り出すのは「大変」だ。素人にできることではない。「専門的な技術」や「特殊な能力」が要求される。

また、特別な装置や設備も必要だ。

ゆえに、誰でもデキルことではない。

しかし、

＊パソコンを使いこなす
＊ソフトの機能を活用する

——などは、それほど「大変」なことではない。

もちろん、マニュアルや参考書を読んだり、少しは勉強しなければならない。しかし、それは「小変」に過ぎない。

少なくとも、「パソコン」や「ソフト」を「創り出す」のに比べれば、はるかに簡単なことだ。

使いこなせば改善
使いこなすのが改善

昔は、このような「便利なもの」があまりなかった。

ゆえに、それらを利用して改善するには、すべて、自分で創らなければならなかった。

たとえば、パソコンのソフトなど、自分でプログラムしなければならなかった。

ゆえに、当時は、専門家や一部の人のもので、誰もがコンピュータを使えるわけではなかった。

そのため、今でも、我々のアタマの中には、

＊「改善＝新しいものを創ること」
＊「改善＝何か創ること」

などといった「固定観念」が、残ってはいないだろうか。

☆

だが、今や、その必要はない。便利な世の中になったものだ。我々の周りには、便利なものが揃っている。

しかも、「より高性能のもの」が、「より安い価格」で入手できるようになっている。

特に、20年くらい前には数百万円だったコンピュータが、今では、わずか数万円で買えるようになっている。しかも、その機能は数百倍以上だ。

もはや、「通常の改善」においては、ワザワザ「新しいモノ」を創り出す必要はない。たいていのものは、すでに

昔
創り出す
改善
今
活用
使いこなす
これが主流となっている

用意され、容易に入手できる。

ゆえに、ヘタに自作するより、それらを利用・活用して、手っとり早く、仕事をラクに、早く、快適に、安全に、効率的にするほうがいい。

もちろん、「特殊なもの」は新しく創らなければならないだろう。だが、それらは例外である。

ゆえに、今日の改善は、「新しいモノを創る」より「すでにあるモノ」を「いかに使いこなすか」、つまり、「利用・活用・応用」などが重要になっている。

改善の主役は「創る」ことよりも、「活用＝使いなす」ことに移行している。

それゆえ、改善活動の指導・推進は、もっと、もっと、
＊「使いこなせば改善」
＊「使いこなすのが改善」
ということを強調すべきだろう。

「仕事のやり方」を変えるのが改善

「実施済み改善」というと、「何かモノを作らなければならない」と思い込んでいる人がいる。

だから、「工場の人は改善デキルが、私は、
＊営業だから――
＊事務職だから――
実施済み改善なんてデキナイ」
という声が出てくる。

しかし、けっして「モノ」を作るだけが改善ではない。改善とは、「仕事の目的をより良く達成するための手段選択・方法選択」である。

つまり、「より良い仕事のため」に、「仕事のやり方」を「変える」のが改善である。

もちろん、「モノ」を使って仕事をしている職場では、道具や部品の形状を変えたり、あるいは、新しい治具や補助具を作るのも改善である。

一方、たとえば「連絡」や「説明」、あるいは「集計」などが仕事ならば、その「仕事のやり方」を変えて、早く、的確に、正確に、
＊「連絡できるようになった」
＊「説明できるようになった」
＊「集計できるようになった」
なら、それが改善である。

どこまでが「仕事」で、どこから先が「改善」か

これは、「どこまでが仕事で、どこから先が改善か、わからない」などという質問への明確な解答にもなっている。

つまり、製造は「作る」のが仕事、営業は「売る」のが仕事である。

そして、改善は、その「任務目的」をより良く達成するための、
「作り方の変更・工夫」
「売り方の変更・工夫」
――である。

それには機能活用・補助具活用など、「〇〇活用」という改善も含まれる。

☆

最近は、どの職場も、パソコンで仕事がなされている。ただし、「パソコン」が仕事をしてくれるわけではない。

仕事をするのは、あくまでも人間だ。人間が操作、活用しなければ、単なる電子部品の寄せ集めに過ぎない。

そのため、「パソコンの機能」をどれだけ活用しているか、それによって、生産性が大きく異なっている。

しかも、それは各人の「仕事のやり方の工夫」、つまり、「機能活用という改善」への取り組みに依存している。

どこまでが仕事で、どこから先が改善か？

仕事＝任務目的の達成

改善＝手段・方法の選択・変更

仕事とは**任務目的**を達成すること
改善は目的をより良く達成するため

より良い方法・手段を
選択・変更すること

営業部門は売るのが仕事。製造部門は作るのが仕事。

それぞれの任務目的を達成しなければならない。対価として給与を得ているのだから。「任務目的」を達成する方法がひとつしかなければ、改善の余地も必要もない。


だが、**仕事のやり方**は会社によって、職場によって、人によって異なっている。それゆえ、量・質・効率・効果——など格差が生じている。


「仕事のやり方の選択・変更」の自由度は職種によって異なる。

規則やマニュアルで規制されている仕事でも、自由度ゼロではない。

規則やマニュアルの範囲なら、仕事の「手段・方法・やり方」を研究・工夫・変更・選択する改善の余地はある。

第7章

「アタリマエ」のことをアタリマエにするのが改善

1 アタリマエのことをアタリマエにしたら改善である

「全員参加の改善活動」を阻害している最大のブレーキ要因は、

「アタリマエ」

「当然・常識」

などの言葉である。

☆

せっかくの「部下の改善」に対して、

「そんなことはアタリマエだ」

「そんなものは当然だ」

「それは常識ではないか」

と言う上司がいる。

そして、

「何を、今更、そんなことを――」

「なぜ、もっと早くやらなかったか」

と詰問する管理職もいる。

だが、そのような会社や職場では、誰も改善しなくなるだろう。

たとえ改善しても、絶対に、その改善を「書き出そう」とはしないだろう。

そのため、「せっかくの改善」も「やりっ放し」になって、「次の改善」につながらない。

「アタリマエ以上」が改善だと思い込んでいる

なぜ、このような「言葉」が出てくるのか。それは、その人が、

「改善とは、アタリマエ以上のこと」

「アタリマエのことは改善ではない」

という考え方を持っているからだ。

世の中には、たしかに「アタリマエ・当然・常識」という水準がある。

そして、

「それ以上のことをやるのが改善だ」

と思い込んでいる。

だから、
＊一覧化した
＊リスト化した
＊色分けした
＊色を変えた
＊サイズを変えた
＊材質を変えた
＊位置を変えた
＊場所を変えた
＊順序を変えた
＊並べ方を変えた
などの「アタリマエのこと」に対して、

どこが改善か
そんなのアタリマエではないか
何をいまさら
なぜ、もっと
早くしなかったか

「そんなものは改善ではない」

「そんなものはアタリマエだ」

「そんなことは当然・常識だ」

と言ってしまうのだ。


だが、このような「考え方」からは、けっして、「次の改善」は出てこない。

なぜなら、いくら改善しても、すべて「アタリマエ」の一言で切り捨てられるからだ。

改善は「現実直視」から

一方、改善が次から次にドンドン出ている会社や職場では、

「現実は、どうか」

「実態は、どうか」

と「現実」を直視している。

つまり、

「そのようなアタリマエの改善が、ちゃんと実施されているか、どうか」

を重視している。

☆

今まで、その「アタリマエのこと」が実施されていなかったので、
*探す
*遅れる
*間違える
*イライラする
*バタバタする
*忘れる
*モレる
*モメる
などの問題が発生していたのだ。

そして、「アタリマエのこと」を、アタリマエにすることで、それらの問題が少しでも減ったら、それは立派な改善である――と考えている。

「現実」を変えるのが「改善」

どのような仕事でも「必要なもの」は、スグ取り出せるようにしておくのが、アタリマエである。

ところが、実際は、多くの会社では、

その「アタリマエのこと」が実施されていない。

そのため、

「アレがない」
「コレがない」
「ここにあったハズだが」

など、「探しまわるムダ」が発生している。それが職場の「現実」である。

そこで、「置く所を定める＝定置化」という、きわめて「アタリマエのこと」をすると、どうなるか。

必要なものは、常に「定められた所」にあるので、イチイチ探さなくても、スグ取り出せる。そのおかげで、スグ仕事に取り掛かれる。

☆

このように「アタリマエのこと」をアタリマエにして、

◎探さない化
◎探しやすい化
◎スグ、取り出せる化
◎スグ、デキル化
◎イライラしない化

◎待たせない化

など実現されるようになったら、それは「立派な改善」である。

「現実認識」のための「改善の顕在化」

改善活動の「初期段階」においては、上司や管理職は唖然とさせられる。

たとえば、

「そんなこと、常識以前じゃないか」

「こんなこともやってなかったのか」

と、言いたくなる「改善報告」が次々に出てくる。

それらを読むたびに、嘆息・ため息、アタマが痛くなり、目眩がしてくる。

そして、

「コイツは、何を考えているのか」

「今まで、何をしていたのか」

と、怒りに変わっていく。

☆

だが、それが会社の「現実」である。

「改善報告」は、その現実を「顕在化＝見える化・わかる化」してくれるものである。

どの会社にも、

＊「トンデモナイこと」をしている人

＊「常識以前のやり方」をしている人

が、いるものだ。

通常、それらは「水面下」に隠れている。そして、「事故やクレーム」によって、はじめて、表に出てくる。

それゆえ、多くの人は、事故が発生して、はじめて、

「こんなことを、していたのか」

「なんということを、していたのか」

と驚かされる。

改善は、「現実」を直視することからスタートする。

「アタリマエのこと」が実施されていないという現実を認識すれば、

「アタリマエのことを、アタリマエにするのが改善である」

ことが理解され、納得できる。

せっかくの改善を「やりっ放し」にしないで、「簡単に書き出す」という「改善の顕在化」は、「アタリマエのことがなされていない」という現実を共有化するためである。

☆

①「アタリマエのこと」が実施されていないのが「現実」である。

②「アタリマエのこと」をアタリマエにしたら「改善」である。

という「共通認識」ができれば、もはや、

「そんなことはアタリマエだ」

「そんなものは当然・常識だ」

などといった言葉もなくなる。

改善に対するブレーキが解除されれば、「アタリマエでないこと」を、ひとつずつ潰していくことができる。

そして、「アタリマエのことが実施されていない現実」を少しずつ変えていくことができる。それが改善活動である。

改善は「現実」との戦い
決まり手は
アタリマエ
現実
実態
現実直視の職場
改善
kaizen
改善
KAIZEN
かいぜん
カイゼン
当然 常識
アタリマエ
これが改善!

2 改善のＡＢＣ

Ⓐアタリマエのことを Ⓑバカにしないで Ⓒちゃんとヤル

「アタリマエのこと」をアタリマエにするのが改善である——ということを説明するのに、「改善のＡＢＣ」なるものがある。

　それは、

Ａ：アタリマエのことを
Ｂ：バカにしないで
Ｃ：ちゃんとヤル

——というもの。

　これにはイロイロなバリエーションがある。たとえば、

Ａ：アタリマエのことを
Ｂ：ボヤボヤしないで
Ｃ：ちゃんとヤル

といったもの。

　他にも、

Ｂ：ボンヤリしないで
Ｂ：ボケっとしないで
Ｂ：ボオっとしないで
Ｂ：バカになって
Ｂ：バカのように

——などがある。

　いずれにしても、

Ａ：「アタリマエのこと」を
Ｃ：「ちゃんと」ヤル

の部分は共通している。

「アタリマエのこと」をアタリマエにやるのが「一流の会社」である

　ちゃんとした会社、信頼されている会社とはどのようなものか。それは「アタリマエのことをバカにしないで、ちゃんとやっている会社」である。

　ところがダメ会社では、「アタリマエのこと」がなされていない。ゆえに、いつも、「ツマラナイ間違い」や「面倒なトラブル」を引き起こしている。

　なぜなら、そのような会社では、「アタリマエのこと」をバカにしているからだ。そのため、誰も「アタリマエのこと」すらしない。

　「アタリマエの改善」がされたということは、「その改善」がなされるまでは、そんな「アタリマエのこと」すら、実施されていなかったことを意味している。

A アタリマエのことを
B バカにしないで
C ちゃんとヤル
改善ABC
不要なことは
「やめる」
減らせるものは
「へらす」
変えられるものは
「カエル」
アタリマエのことが
アタリマエにデキルように

良い会社では、「アタリマエのこと」が実施されてないことに気づいた瞬間に、それらをアタリマエにすべく改善に取り組んでいる。

一方、ダメ会社は、「アタリマエのこと」すら実施されていないことに気づかない。たとえ、気づいても、それを「アタリマエにしよう」としない。

☆

一流会社とは、けっして特殊なことをやっているわけではない。

ただ、「契約した内容」を、

◎間違いなく
◎遅滞なく
◎ちゃんと

実施しているに過ぎない。それだけが「一流の条件」である。

「アタリマエ以上のこと」をアタリマエにやるのが「超一流の会社」である

では、「超一流」とは、どのような

会社か。それは「アタリマエ以上」のことをアタリマエにやっている会社である。

これは大変である。そう簡単にはできない。「仕事のやり方」を大きく変える「大変＝革新・改革・変革」が必要だ。

だが、「アタリマエのこと」をアタリマエにするだけなら、それほど難しくはない。「仕事のやり方」を「小さく変える」という「小変＝改善」でも対応できる。

全社的に「アタリマエのこと」をアタリマエにするのが改善という「共通認識」さえあれば、誰もが、気楽に、日常的に取り組める。

たった、それだけのことで、とりあえずは「一流の会社」になれるのだから、結構なことではないか。

とりあえず、「アタリマエのこと」をして、一流会社になり、その上で、次に「アタリマエ以上」のことをする「超一流」を目指せばいい。

3 アタリマエの基準は変化している

「アタリマエのこと」をアタリマエにする――それだけが一流会社の条件である。

なのに、なぜ「アタリマエのこと」をちゃんとやっている「一流会社」が少ないのか。

それは「アタリマエの基準」が、世の中の変化とともに、常に、変わっているからだ。

ゆえに、ボンヤリしていると、変化に取り残され、「アタリマエのこと」すらデキナイ、やっていないダメ会社になってしまう。

「計算方法のアタリマエ」も時代とともに変化

たとえば、30年くらい前までは、「計算」と言いえば、「ソロバン」でするのがアタリマエだった。

その当時、商売をする人は、誰もが「ソロバンの練習」をさせられたものである。

ところが、そのうち「電卓」が普及してくると、計算は電卓でするのがアタリマエになってきた。ソロバンなど練習しなくても、誰でも、簡単に、計算デキルようになった。

そして、今では「パソコン」での計算がアタリマエになっている。

20年くらい前には、

「我社には電子計算機があります」

「コンピューターで計算しています」

「コンピューター処理しています」

――などが自慢になっていた。

実際、「会社案内」などには、そのようなことが、電子計算機の写真とともに、はなばなしく書かれていたものである。

ところが、現在では、そんなことを言うと、

「アタリマエじゃないか」

「常識じゃないか」

「当然じゃないか」

と笑われるだけだろう。

つまり、「計算のやり方」は、

①「ソロバン」でやるのがアタリマエ

②「電卓」でやるのがアタリマエ

③「パソコン」でやるのがアタリマエ

アタリマエの基準は変化

の如く「アタリマエのやり方」は変化している。

つまり、

「パソコンで計算している」

「ＰＣでデータ処理をしている」

ということは、その会社は、ちゃんと時代の変化に追いつき、アタリマエのことをしているということだ。

そうでなければ、ソロバンや電卓の手計算で、手間がかかり、夜遅くまで残業し、しかも、間違いも多い——という完全な「時代遅れ」の仕事のやり方になってしまう。

「アタリマエのこと」をアタリマエにするということは、世の中の変化に対応し、常に、進化しているということである。

☆

一般的に、「ＡＢＣ」は「入門」を意味するものである。だが、「改善のＡＢＣ」は、「世の中の変化」が続くかぎり、改善も無限に続くことを意味している。

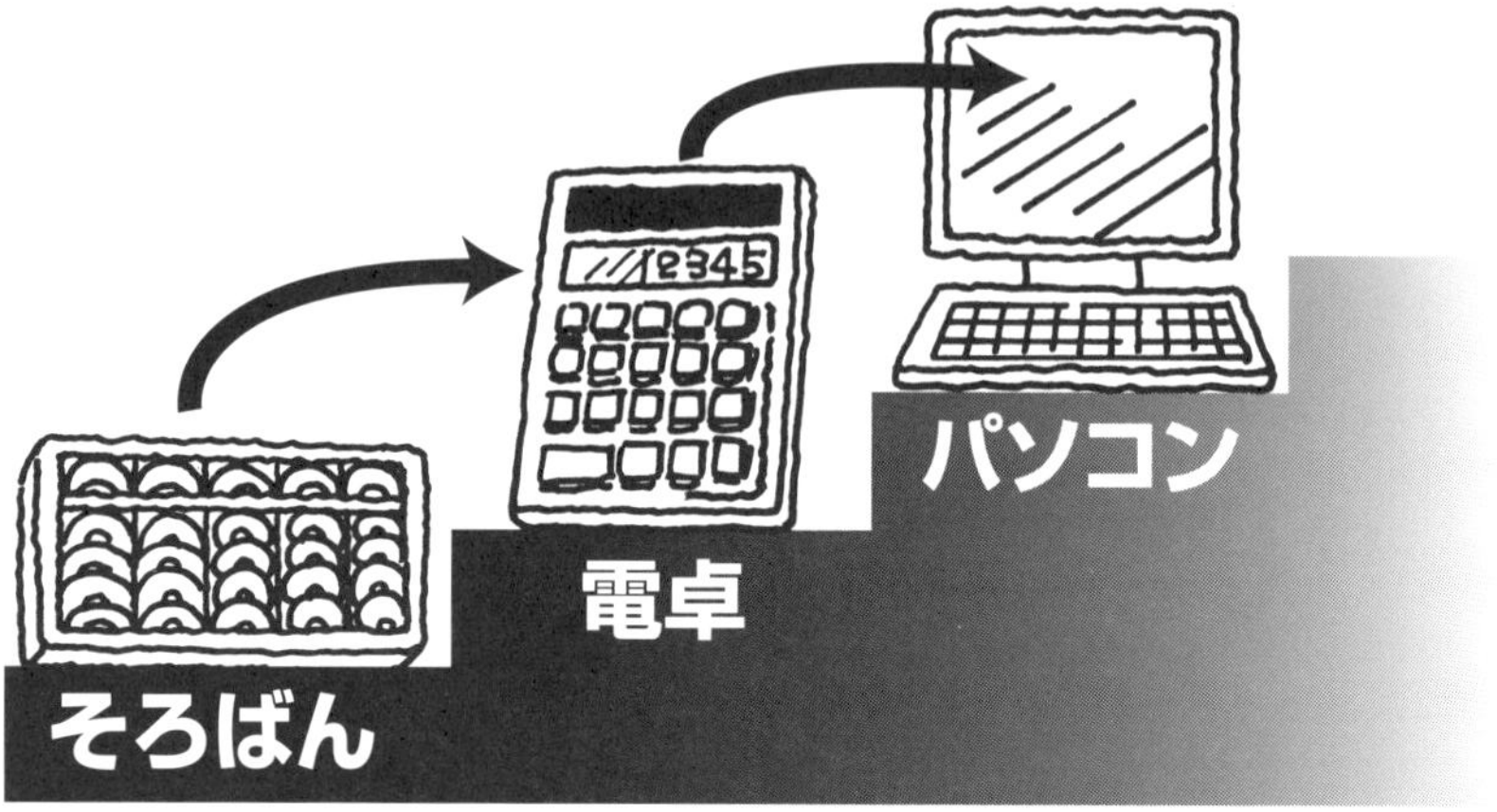

アタリマエは変化している

「アタリマエのレベル」は会社によって異なる

「アタリマエ」レベルは、けっして一律ではない。各社ごとに「アタリマエのレベル」は異なっている。

たとえば、「程度の低い会社」では、「不良率10パーセント」がアタリマエかもしれない。

だが、「少し程度の高い会社」では、不良率は5パーセント以下がアタリマエ。そのような会社では、10パーセントもの不良が出たら、大騒ぎだろう。

「もっと程度の高い会社」では、不良率は1パーセント以下がアタリマエで、5パーセントの不良など「トンデモないこと」だろう。

さらに「スゴク程度の高い会社」は、不良率は100万分の1パーセントがアタリマエである。そのような会社では、不良率が1～10パーセントの会社の存在など「信じられない」というこ

とになる。

これは「不良率」だけではない。売上げや利益率、あるいは給料・労働時間・待遇条件など――あらゆることに関して、それぞれ「アタリマエのレベル」は異なっている。

この「レベルの違い」が、「会社の格差」である。「程度の低い会社」では、不良率が10パーセントでもヘラヘラ笑っているだろう。

しかし、「程度の高い会社」では、目の色を変えて、何とか「アタリマエのレベル」にすべく、改善に取り組んでいる。

なお、「アタリマエに追いつく」のが「改善＝小変」だが、その「アタリマエ」を追い抜くのを「改革・革新・変革」と言う。

これは簡単にはできない。「仕事のやり方」を「大きく変える」という「大変」なことをしなければならない。そうしなければ、「アタリマエ」を追い抜くことはできない。

4

「改善報告」は「告白書」である

「改善」を「一時的なもの」でなく、「継続→定着化→活性化」させるには、「せっかくの改善」を「やりっ放し」にしないで、「簡単な改善報告書＝改善メモ」として書き出すことだ。

☆

「実施済みの改善」を書き出した「改善報告」とは何か。それは「告白書」である。

何かを「改善した」ということは、とりもなおさず、それ以前は、

＊「こんなアホなこと」をやっていた
＊「こんなマズイこと」をやっていた

と告白しているようなものである。

「完璧な仕事」をしていたのなら、「改善の必要」はなかったハズである。「立派な仕事」をしていたら「改善の余地」はなかったハズだ。

つまり、「改善した」ということは、それ以前には「不完全な仕事」をしていたということの「自白・告白」に他ならない。

「タテマエ」では、「改善」はデキナイ

かなり以前だが、「改善発表会」のゲスト・スピーチで、国立大学の教授が冗談を交えながら、次のような挨拶をされた。

☆

我々「国家公務員」は、民間企業の皆さんのように「自分の仕事の改善」を発表したり、報告することがデキナイのです。

なぜなら、我々の「職務規定」には、「常に、ベストの仕事をしなければならない」と書いてあるからです。

改善したということは、それ以前は「ベストの仕事」をしていなかったということになります。

つまり、それは「職務規定」に違反しているということになるのです。

しかも、それを上司が受理すると、その上司は、部下に「ベストの仕事」をさせていなかったことを認めることになります。

すると、それは上司としての「管

理・監督義務」の不履行ということにもなります。

このように、「国家公務員」は全員が常に、「ベストの仕事」をしているということになっています。

しかし、「実態」はどうかというと、けっして、そうではありません。結構、誰もが、「マズイ仕事のやり方」をやっているものです。

しかし、それを認めるわけにはいかないのです。「職務規定・違反」や「管理監督義務・違反」を認めることになってしまうからです。

このような「タテマエ主義」では、改善が進むはずがありません。

一方、皆さんは、堂々と「自分の仕事の改善」を発表されている。それは「自分の仕事のマズさ」を堂々と認めていることに他なりません。

☆

もちろん、この教授の話は少しばかり誇張されていたかもしれない。だが、「改善は現実直視から生まれる」とい

改善前
改善後
こんなアホなことをやっていました

う趣旨は明快である。

「現実直視」のための「より良い方法」は？

改善は、自分たちが「マズイ仕事のやり方」をやっているという「現実」を認めることからスタートする。

では、どうすれば、その「現実」を直視し、「マズさ加減・悪さ加減」を認めることができるだろうか。

もちろん、

「現実を直視せよ！」
「仕事のやり方を見直せ！」

などの「スローガン」や「お説教」をいくら繰り返してもダメ。

最も効果的なのは、「現実」を示すことだ。と言っても、いきなり、

「こんなアホなことをしている」
「こんなムダなことをしている」
「こんな愚かなことをしている」

と指摘するのもダメ。

指摘された人は、反発するだけであ

る。人間は、他人から欠点を指摘されると、素直に受け入れないものだ。

それを認めることは、「自分の無能や怠慢」を認めることになるからだ。だから、必ず「反発・反論」してくる。

ゆえに、「個人的な攻撃」ではなく、誰もが「マズイ仕事のやり方」をしているものだという「客観的事実」を、数多く示すほうが有効である。

「外堀」から、徐々に埋めるべし

当人の「マズイやり方」を直接、指摘するのではなく、「他人のマズイやり方」つまり、いろいろな人の「告白書＝改善報告書」を数多く示すことだ。

それによって、

「自分も、やはり、このようなムダやマズイ仕事をしているのではないか」

という「気づき」につながる。

すると、あらためて「自分の仕事のやり方」を、自分で見直すようになる。

いきなり、その人の「本丸」を攻めるのではなく、「外堀」から埋めていって、ジワジワと、当人に自分で、気づかせるという方法である。

「改善の共有化」とは、「仕事のやり方の見直し」につながる「気づきの共有化」に他ならない。

「告白書」の共有化で「現実認識」の共有化

改善の「顕在化→共有化」がなされている会社や職場では、「具体的な改善事例」の共有化によって、常に、「現実直視」がなされている。

それによって、「改善のやりやすい雰囲気や職場風土」、あるいは「改善に積極的に取り組む企業体質」が形成されている。

なにしろ、次から次に「告白書」が出てくるのだから、自分たちの「仕事のマズさ加減」をさらけ出すことに「心理的な抵抗」もなくなる。

また、ちょっと「やり方」を変えるだけで、かなりの問題が手っとり早く解決されるという「成功体験」も数多く共有化されている。

一方、「改善の顕在化→告白書の共有化」がなされていない職場では、誰も自分の仕事の「マズさ加減」をさらけ出そうとはしない。

現実から目をそむけ、都合の悪いことは、ひたすら隠そうとする。よって、「タテマエ論」ばかりが横行。そのため、現実直視ができない。当然のことながら、ほとんど改善はなされない。

「改善的職場風土」を創るには――

「改善のやりやすい職場風土、あるいは、改善に強い企業体質をつくるには、どうすればいいか」

といった質問をよく受ける。

その答えは簡単だ。告白書である改善報告の「顕在化と共有化」をやり続けること。それだけである。

ただし、「継続的に」ということが重要。「一時的な顕在化」では効果はない。

職場風土として定着するには、少なくとも1年くらいの継続が必要だ。

「改善がナカナカ進まない」

「改善するのは一部の人だけ」

――などの問題を抱えている職場は、

「改善しよう」

「改善してくれ」

といった「掛け声」ばかりでせっかくの改善が「やりっ放し」になっている。

ゆえに、改善の「顕在化→共有化」がなされていない。だから、次の改善につながらない。

「改善の多い会社」は「ダメな会社」か？

日本HR協会では、毎年、「全国・改善提案活動・実績調査」を実施して、その集計結果をレポートしている。

改善報告書
改善前
こんな問題があった
改善後
こんな手を打ってみた
効果
少しは良くなった
簡単な改善を
簡単に
書き出そう

それを見ると、やはり、「優秀な企業」は改善活動が盛んで、数多くの改善がなされている。

しかし、それは「優秀な企業」ほど、「マズイ仕事」を多くやっている――という意味だろうか。

なぜなら、「多くの改善」がなされたということは、「多くのマズイ仕事」がなされていたことなのだから。

逆に言えば、「改善があまりなされていない会社」や「改善が不活発な企業」では、「マズイ仕事」は、あまりなされてないということだろうか。

いや、けっして、そうではない。どの会社でも、どの職場でも、生身の人間が働いているかぎり、「マズイ仕事」がなされているものだ。

「違い」があるとすれば、

①「マズイ仕事」をやっていながらそれに気づかず、そのまま続けている。

②それに気づいた瞬間に、スグ、即座に改善に取りかかっている。

――だけである。

第8章

改善Q&A・一発解答

カイゼンQ&A〔1〕

一発解答

Q

日本HR協会は「改善ノウハウ」の「ひらがな化」を提唱しているが、それはどのような意味か？

A

「改善ノウハウ」の「ひらがな化」には、次の「3つの意味」がある。

①「用語」の「ひらがな化」
②「意味」の「わかりやす化」
③「方法」の「やりやす化」

「用語」の「ひらがな化」

用語の「ひらがな化」とは文字通り、いろいろな用語を「ひらがな」に書きあらためることである。

たとえば、「視覚化」や「ビジュアル化」を「見える化」と言うように、漢語や欧米語など「外来語」を「やまと言葉化」すること。

「やまと言葉」は、漢語や欧米語など「外来語」に対して、日本古来からの「土着語」で、「和語」とも言う。

「山＝サン」や「海＝カイ」など、「音読み」が外来語（漢語）なのに対して、「山＝やま」や「海＝うみ」など、「訓読み」が「やまと言葉」である。

改善用語における「ひらがな化」の代表例として、次のようなものがある。

*容易化→やりやす化
*快適化→ラクちん化
*迅速化→テキパキ化
*即時化→スグやる化

「カタカナ」で書かれていても、「やまと言葉」であるかぎり、便宜上、「ひらがな化」と称す。

「意味」の「わかりやす化」

「ひらがな化」の第二の意味は、「意味の具体化＝わかりやす化」である。「難しい概念や内容」をわかりやすくすることである。

たとえば、改善では「問題」や「問

改善ノウハウの
ひらがな化

日本ＨＲ協会が提唱・推進している「改善ノウハウ」の
「ひらがな化」には３つの側面がある。それは

①「用語」の「ひらがな化」
②「意味」の「わかりやす化」
③「方法」の「やりやす化」

①「用語」の「ひらがな化」

漢語や欧米語は格好はいいが、しっくりこない。だが、
土着語である「やまと言葉」は非常に、わかりやすい。

＊視覚化→見える化
＊容易化→やりやす化
＊快適化→ラクちん化

②「意味」の「わかりやす化」

＊「抽象的な用語」を「具体的な言葉」に分解
＊「抽象的な内容」を「個別的な内容」に分解
＊「問題の具体化」が改善につながる

③「方法」の「やりやす化」

＊シンプルな「しくみ＝制度・規定など」
＊手っとり早い「しかけ＝運営・推進など」
＊改善の阻害要素（ブレーキ）の解除・排除

題解決」などの言葉が使われている。

だが、それはどういう意味だろうか。

　学術的には、これらは、

◎「問題」＝
「あるべき姿」と「現状」の差

◎「問題解決」＝
「あるべき姿」と「現状」の一致

などの「定義」がなされている。

☆

　だが、「たかが改善」に難しい用語や定義は似合わない。「手っとり早い改善」は「わかりやすい」ほうがいい。

「問題」など「堅苦しい言葉」は、

＊困ったこと
＊イヤなこと
＊イライラすること
＊バタバタすること
＊間違えること
＊遅れること
＊忘れること
＊モレること
＊わかり難いこと
＊やり難いこと

――など、「具体的に分解」するほうが、わかりやすい。

　また、「問題解決」という言葉も、

＊困らない化
＊イライラしない化
＊バタバタしない化
＊間違えない化
＊遅れない化
＊忘れない化
＊モレない化
＊わかりやす化
＊やりやす化

などのように、「具体的な問題の裏返し」として「具体化」するほうがいい。

具体化で「わかりやす化」

「漢語」は、「抽象的な概念」の把握や表現に威力を発揮する。たとえば、

＊困ったこと
＊イヤなこと
＊イライラ
＊バタバタ

など、「イロイロな場面のさまざまな状況」のすべてを「問題」というたった「一言」で表現できる。だが、「抽象的な言葉」は、「カラ回り」するオソレがある。

　我々の人生や仕事には、「イロイロなサイズ」の「さまざまなタイプ」の問題がある。

　だが、それらを「一言」で片付けてしまうと、「改善への糸口」がつかめない。たとえば、

「問題はないか」

と聞いても、

「問題ありまっしぇん」

の「一言」でオシマイ。

　それ以上の発展がない。だが、

「困ったことはないか」

「イヤなことはないか」

「イライラすることはないか」

「バタバタしていることはないか」

など「具体的な問いかけ」なら、それぞれの「場面」に思いが至るので、

「改善の定石」の「ひらがな化」

「**難しい用語**」を使えば、**高級**なことという**錯覚**に陥る。
だが、気楽に、手軽に、取り組む「日常的な改善」には、
そのような「愚かな・難しいこと」は一切不要。

「日常的な改善」ゆえ、用語も「**日常語**」が勧められる。
特に、日本の土着語である「**やまと言葉**」は、いささか、
ドロ臭いが、すごく**わかりやすい**。もちろん、状況に応じて、
「漢語」や「欧米語」など「使い分け」が勧められる。

視覚化・可視化・顕在化→見える化
（見える化・見せる化・見やす化）

容易化・快適化・効率化→ラクちん化
（ラクちん化・やりやす化・テキパキ化）

一目瞭然・明確化→一目でわかる化
（良くわかる化・スグわかる化・誰でもわかる化）

防止・抑止→ない化・にく化
フール・プルーフ→ポカよけ化
波及防止・影響緩和→ても化・食い止め化
フェイル・セーフ→ても化・食い止め化

廃止・削減・変更→やめる・へらす・カエル
制度・運営→しくみ・しかけ

「そう言えば……」

「そう言われると……」

など「個別的な事柄」が浮かび、

「この点が、わかりにくい」

「この作業が、やりにくい」

「この場合は、どうしたらいいか」

のように「個別問題」が明らかになる。

それが改善の第一歩だ。なぜなら、改善は「個別問題」への「個別的対応」だからである。

「方法」の「やりやす化」

「ひらがな化」の第三の意味は、「改善の指導・推進」を「手間をかけず、手っとり早く」するため、改善の「しくみ・しかけ」の「シンプル化・簡素化・単純化」である。

とにかく、「手間のかかるもの」は続かない。しかし、改善は「持続・継続」が命である。ゆえに、改善活動の大原則は、「余計な手間をかけないこと」だ。


しかも、改善は日常的なものゆえ、手軽に、気軽にできるものでなければならない。

そのため、「複雑・煩雑・精密・厳密」なものはダメ。「たかが改善」の指導・推進は、できるかぎり「簡素化・簡単化・シンプル化」すべきだ。

☆

たとえば、改善に「奨金・賞金」を払う場合には、「審査基準」や「賞金ランク表」がつきものだ。

だが、「複雑で詳細な審査基準」を厳密に運用しようとすると、それだけで膨大な時間がかかる。

「複雑な審査」に時間を取られて、管理者の最も重要な任務である「改善の指導・推進」に手が回らないという会社も多い。

これでは、「日常的な改善」を手っとり早く、継続的に展開することはできない。なぜなら、「手間のかかる審査」が「ブレーキ」になっているからだ。

「ブレーキ」を掛けながら、推進の「アクセル」を踏むなど愚かなことはない。

ゆえに、日本HR協会では、これらブレーキとなっている「複雑・煩雑・詳細・精密・厳密な制度・運営」の解除・排除を提唱している。

☆

「手っとり早い改善」の推進には、
＊シンプルな「しくみ・しかけ」
＊カンタンな「制度・規定・基準」
＊単純な「運営・指導・推進法」
が不可欠である。

そこで、「審査基準」に関しては、いわゆる「エイヤー方式」、つまり、「即決・審査方式」を提唱している。

また、「改善用紙への記入」に関しても、「１００字以内・3分以内」による「カンタン記入方式」を推奨。それに対するコメントに関しても「改善の定石活用」を提唱している。

当然のことながら、「改善用紙の形式」も、各項目を「3行以下」とする「改善メモ用紙」を提供している。

日本HR協会の改善とは何か

一言で言えば、

改善ノウハウのひらがな化

日本の改善活動は、戦後、米国からの導入された様々な手法やシステムをトヨタ自動車や松下電器(当時)などで、日本型に変化・進化させ、展開してきたもの。

しかし、それら独自の企業文化・体質・風土ゆえに成り立っているものが、そのまま「他の業種・職種」、あるいは「他の会社・組織・団体」に適用できるわけではない。

そこで、日本HR協会では、異なる業種・職種・組織でも活用できるように、改善の「指導・推進ノウハウ」を整備・体系化。そして、それらを手っとり早く導入・展開できるように単純化・簡素化して提供している。

わかりやすく言えば **ひらがな化・カタカナ化** である。中国から仕入れた漢字を「ひらがな化・カタカナ化」で日本語にとり入れたように、米国から仕入れたIE・VE・QCなど改善技法やシステムを「わかりやす化」しての提供である。

よって、**用語**も漢字だけでなく、「ひらがな・カタカナ」を併用して、「わかりやす化」に努めている。たとえば、

＊廃止・削減・変更→**やめる・へらす・カエル**

＊制度・運営・思想→**しくみ・しかけ・しそう**

＊視覚化・可視化・顕在化→**見える化**

＊容易化・快適化・効率化→**ラクちん化**

いささかドロ臭いが、改善の専門誌「創意とくふう」をはじめすべての改善教材は**「わかりやすさ」**を最優先している。

「やまと言葉」と「外来語」

日本の「先進的な文明」は主として、海外から「外来語」とともに、もたらされた。

奈良時代や平安時代には、遣隋使や遣唐使などによって、中国から先進文明が持ち帰られた。

そして、明治時代の文明開化以降はヨーロッパから。特に、第二次世界大戦後は米国から、怒濤の如く西洋文明の導入がなされた。

そのため、現在でも、学術用語や専門用語は、だいたい「漢語」や「欧米語」が用いられている。

それゆえか、それらはなんとなく、「知的」、あるいは「高級」などといった雰囲気や固定観念がある。

それらを、やたら多用する人もいる。自分でも「意味」がわかっていないのに、むやみに「カタカナ用語」を連発する人もいる。

それに比べ、「やまと言葉」はドロ臭い。だが、それらは身近で日常的に使われているものゆえ、非常にわかりやすい。感覚的・直感的に「意味・内容」を把握することができる。

それは日本の「言語的遺伝子」に「やまと言葉」が組み込まれているからだ。

「漢字」は、日本にもたらされて千年以上の歴史がある。それゆえ、「欧米語」に比べると、かなりなじんでいる。

だが、それでも数万年以上にわたる「縄文時代」からの「やまと言葉」の歴史とは、比較にならない。

「漢語」を「ひらがな化」

改善は、なによりも「手っとり早さ・わかりやすさ」を重視する。ゆえに「難しい言葉」を使って格好をつけるよりも、たとえドロ臭くても、わかりやすい「やまと言葉」のほうがいい。

改善は「日常的なもの」ゆえ、その言葉も、なるべく「日常語」が勧められる。

＊困難　＝「やりにくい」
＊容易化　＝「やりやす化」
＊危険　→「あぶない」
＊安全化　→「あぶなくナイ化」
＊不明確　→「あやふや」
＊明確化　→「ハッキリ化」
＊過誤　→「まちがい」
＊過誤防止→「まちがえナイ化」
＊複雑　＝「ぐちゃぐちゃ」
＊簡素化　＝「スッキリ化」

☆

たとえば、

「安全化しよう」

と言うのと、

「危なくナイ化しよう」

というのでは、どちらが、

「では、こうしよう」

「改善の定石」の対比

「ひらがな化」で「わかりやす化」

やまと言葉	漢語	欧米語
見える化 見せる化 見やす化	**視覚化** **可視化** **顕在化**	ビジュアル化
ラクちん化 やりやす化 テキパキ化	**快適化** **容易化** **迅速化**	スムーズ化 スマート化 スピード化
やめる 減らす カエル	**廃止・中止** **削減・節減** **変更・変化**	ストップ リデュース チェンジ
ひながた化	**型枠化** **定型化** **定尺化** **標準化** **見本化**	フォーマット化 パターン化 ゲージ化 スタンダード化 モデル・サンプル化
危なくない化	**安全化**	セフティ化
あらかじめ	**事前対応** **先手対応** **前始末**	フィード・フォワード
その場化 すぐやる化 ついで化 ～ない化 ～にく化 ～ても化	**即時化** **同時化** **同期化** **防止・予防化** **抑止化** **波及防止・影響緩和**	インスタント化 シンクロ化 サイマル化 プルーフ化 レジスト化 セーフ化

＊忘れナイ化→忘れニク化→忘れテモ化

＊遅れナイ化→遅れニク化→遅れテモ化

＊間違えナイ化→間違えニク化→間違えテモ化

見える化→わかる化→できる化

見やす化→わかりやす化→やりやす化

「改善の定石」の詳細は【改善・詳細・専用サイト】=http://homepage1.nifty.com/HR-KAIZEN/　を参照ください

「こうしたら、どうか」といった「具体的な対策」に結びつきやすいだろうか。

「漢語」は「語調」がいいので、「スローガン」としては優れている。だが、スローガンを叫ぶだけでは、何も改善されない。

「安全第一」という「お札」を掲げておけば、それで安全になるわけではない。やはり、具体的に「危険要素」をひとつずつ取り除く「具体的な行為・行動」が必要だ。

それには「感情に訴える言葉」のほうが効果的。なぜなら、人間は理屈より感情や情念によって動くからだ。

「理論的な漢語」より、ドロ臭くても、情緒的な「やまと言葉」のほうが、行動につながる。

「欧米語」をさらに「ひらがな化」

日本の「近代産業」は、明治の開国とともに「欧米語」を通じて、導入された。当時、それらのほとんどは「漢語」に翻訳された。

＊レイルウエイ＝「鉄道」
＊コンセプト＝「概念」
＊カルチャー＝「文化」
＊パッション＝「情熱」
＊サイエンス＝「科学」
＊スピーチ＝「演説」
＊オートモバイル＝「自動車」
＊クレーン＝「起重機」
＊シリンダ＝「気筒」
＊エンジン＝「発動機」

などのように「意訳」がなされた。

今まで存在していなかったモノや概念を、見事に漢字化しており、先人の漢字力がしのばれる。

しかも、

＊「治具（ジグ）」
＊「簿記（ブック・キーピング）」
＊「型録（カタログ）」

などのように、「意味」と「音声」をうまく調和させた「絶妙な翻訳」もあった。

「漢字化」→「ひらがな化」

「一般的な用語」は、漢字化までいいだろう。とにかく、お互いに、その意味が理解できればいいのだから。

だが、「改善の現場」では、もう一歩踏み込んで、それら欧米語も「やまと言葉化＝ひらがな化」が勧められる。

＊ビジュアル化→「視覚化」
　→**「見える化」**
　→**「見せる化」**
＊スピード化→「迅速化」
　→**「スグやる化」**
＊スムーズ化→「円滑化」
　→**「モタつかナイ化」**
　→**「バタバタしない化」**
　→**「ひっかからない化」**

——などのように。

これら「日常的に使われているカタカナ語」は、かなり、こなれているので、このまま使っても、だいたいの「意味」は理解できる。

それを、あえて、さらに「ひらがな化」してみるのは、その内容をもっと具体化し、「具体的な行動」に結びつけるためである。

たとえば、「スムーズ」という言葉はスマートで、滑りが良すぎる。「スムーズ」とはどういうことなのか。その意味を具体化するには、やはり「やまと言葉」が威力を発揮する。

それらは、

「モタつかナイ」
「バタバタしナイ」
「ひっかからナイ」

など、「具体的な状況や情景」に分解することができる。

つまり、仕事をスムーズ化するには、

①モタつかない化
②バタバタしない化
③ひっかからない化

——など「人」と「モノ」の「両面からの改善」が必要であることがわかる。

あるいは、

④遅れない化
⑤モレない化
⑥間違えない化
⑦忘れない化

——なども不可欠だ。

つまり、「スムーズな仕事の流れ」を阻害する要因として、「遅れ・モレ・忘れ・間違い」があることに気づく。

「スムーズな生産」の代表例として、「必要なものを、必要な時に、必要なだけ」という「ジャスト・イン・タイム方式」がある。

それは、「人・モノ・カネ・システム・情報——」のすべてが、

①モタつかない化
②バタバタしない化
③ひっかからない化
④遅れない化
⑤モレない化
⑥間違えない化
⑦忘れない化

——など「個別の改善」の集積によって成り立っている。

このように「仕事のスムーズ化」は、スムーズな流れを阻害している要因をひとつひとつ潰していくことで、はじめて実現されるものである。

つまり、意味がわかっているカタカナ語でも、さらに「ひらがな化」してみるのは、それによって、「言葉のカラ回り」を防ぎ、「具体的な要素」に気づくためである。

☆

もちろん、何でも「ひらがな化」すればいい、というものではない。状況に対応した「使い分け」が必要だ。正式な文書では、それなりの用語を使用すべきだろう。

ただ、「日常的な改善」では、難しい言葉を使って「思考停止」に陥るより、「日常的なやまと言葉」のほうが、わかりやすく、心もアタマも働きやすくなる。

カイゼン Q&A 一発解答〔2〕

Q 「改善」とは、具体的に、「何」を、「どうする」ことか？

A 改善を呼び掛ける際に必要なことは、「改善する」ということは、どういうことか、それを明確化することだ。

そうしなければ、「改善」という「同じ言葉」を使っても各人のイメージが異なっているので、スレ違いになる。

改善をわかりやすく言えば、
①「問題」を裏返すこと
②「原因」を裏返すこと
である。

たとえば、「困っている」という問題があれば、それをひっくり返して、「困らない化」するのが改善である。

では、「困らない化」するにはどうすればいいか。困っている「原因」をひっくり返せばいい。

たとえば、「間違える」が原因なら、それを裏返して「間違えない化」するのが改善である。

では、「間違えない化」するには、どうすればいいか。「間違える原因」をひっくり返せばいい。

たとえば、「似ているから間違う」のなら、「似ない化」すればいい。

そのためには、
＊「形」を変える
＊「色」を変える
＊「目印」を付ける
＊「場所」を変える
――など、イロイロな方法がある。

その中から、とりあえず、デキルことから実施して、少しでも「間違い」が減れば、それで改善となる。

次頁は、「問題↓対応＝問題の裏返し」と「対策＝原因の裏返し」を要約したもの。197頁は「問題と定石」の関係を一覧化したものである。

「さがす」という問題の最大原因は、使った後、元に戻さず、「アチコチに置いている」からだ。ならば、その対策は「アチコチ置かない化」、つまり「定置化＝置く所を定める」である。

工具や書類が「定置化」されれば、「さがさナイ化」、あるいは「さがしヤス化」となる。それが改善である。

改善とは

①問題の裏返し
②原因の裏返し

困っているのが問題なら、
それをひっくり返し、
困らない化するのが改善。

では、困らない化するには、どうすればいいか。
困っている原因をひっくり返せばいい。

「間違える」のが原因なら、それをひっくり返して
「間違えないイ化」するのが改善である。

では、「間違えないイ化」するには、どうすればいいか。
「間違える原因」をひっくり返せばいい。「似ているから間違う」のなら、「似ないイ化」すればいい。
それには、
＊形や色を変える／目印化／場所を変えるなど、いろいろな方法がある。その中から、とりあえず、デキルことから実施して、少しでも「間違い」が減れば、それが改善である。

カイゼンQ&A 〔3〕 一発解答

Q なぜ、改善はすべての「業種・職種」に共通しているのか？

A 「仕事のあるところ改善あり」と言われるように、改善は「業種・職種」に関係なく、すべてに共通している。

それはイロイロな「業種・職種」の「実際の改善事例」を見れば、スグに「実感→納得」できる。

また、「改善の定石・一覧表」にて、理論的に説明することもできる。

☆

あらゆる「業種・職種」に共通して見られる問題は、だいたい、

①さがす
②間違う
③遅れる
④忘れる
⑤イチイチ、そのつど

――などである。

もちろん、その「対象」は、それぞれ異なっている。たとえば、

＊書類・資料・データ
＊ファイル・フォルダ
＊工具・道具・器具
＊部品・材料――など。

また、その「場所」も、事務所、パソコン、工場、店舗など――と異なっている。

だが、どの職場でも「さがす」という「問題」は共通している。共通した問題があれば、それに対する「改善」も共通している。

☆

「さがす」という問題の「原因」も「業種・職種」に関係なく、共通している。たとえば、

＊アチコチに置いている
＊使用後、「元」に戻さない
＊所在地・番地が不明

――などである。

「原因」が共通なら、その「対策」も共通している。たとえば、

◎定置化（置く場所を定める）
◎「元に戻る化」の仕組み
◎所在地の表示（番地化）――など。

これらの「対策」を実施すれば、「さがさナイ化」または「さがしヤスイ化」という改善となる。

改善の定石（問題→対策）一覧

問　題	対　策（問題の裏返し）	原　因	対　策（原因の裏返し）
さがす	さがさナイ化 さがしヤス化 スグ見つかる化	あちこち バラバラ 使いっ放し	定置化・分別＋表示 元に戻る化 検索機能活用
間違える	間違えナイ化 間違えられナイ化 間違いニク化 間違えテモ化	似ている 類似 混同・混在 転記	強調・目立つ化・目印化 色分け化・区別化 ポカよけ・フールプルーフ 転記するな・転用せよ
遅れる	遅れナイ化 遅れニク化 遅れテモ化	後手・受け身 グズグズ・ダラダラ 先延ばし	先手・能動・主導 とりあえず着手 スムーズ化・スマート化
忘れる	忘れナイ化 忘れニク化 忘れテモ化	後で そのうち 別々に	定期化・定時化・定例化 一体化・同時化・一括化 タイマー&アラーム活用
危ない	危なくナイ化 安全化 安心化	触れる 滑る 不備→不安	触れナイ化(カバー化) 滑らナイ化(滑り止め化) 予知・予測→予備・予防
わからナイ わかり難い 迷う	わかる化 わかりヤス化 迷わない化	見えない 複雑・煩雑 不明確・あいまい	見える化・視覚化 シンプル化・カンタン化 ハッキリ化・明確化
できナイ やりニクイ 困難・不便	できる化・やりヤス化 容易化・快適化 ラクちん化	複雑・煩雑 姿勢不自然 動作不自然	簡素化・簡略化 手順書化・順番化 屈まナイ化・捻らナイ化
イチイチ そのつど ワザワザ	あらかじめ 前もって 事前対応	事後対応 後・始末 内段取り	先手対応 前・後始末 外段取り
ごちゃごちゃ グチャグチャ 乱雑・混乱	スッキリ化	いっしょくた 無分別 分散	分別・区別化 定置化・表示化 整列化・順番化
バラバラ バラツキ 不揃い	統一化 標準化 一元化	基準なし 別々に そのつど	定数化・定量化・基準化 測定するな判定せよ 調整するな設定せよ
○○サンしか わからナイ デキない	誰でも、デキル化 誰でも、ワカル化 新人でもデキル化	複雑・煩雑 カン・コツ 不共有	簡略化 マニュアル化 補助具活用・機能活用
ガンバリ ガマン 根性・精神力	くふう 方法変更 手段選択	惰性・前例固執 自虐 知的怠慢	惰性脱却・前例打破 自尊 知的勤勉

カイゼンQ&A〔4〕

一発解答

Q 改善の「主・目的」は何ですか？

A **改善は、「社員にとってのメリット」を第一とすべし。その「結果」として、会社にも利益がある。**

「仕事のやり方の工夫」をすれば、なんらかの効果があるが、それらは、

＊「会社にとってのメリット」
＊「社員にとってのメリット」

に大別することができる。

では、どちらのメリット（効果・効用・利益・価値）を「主・目的」とすべきだろうか。

「米国型の提案制度」では、「会社にとっての効果」が主目的である。それゆえ、主として「会社にとっての有形効果」が評価対象となっており、それに対応した賞金が還元（ペイ・バック）されるシステムとなっている。

一方、「日本型の改善制度」では、「社員にとっての効果」を主目的とすべきである。なぜなら、「会社にとっての効果」だけでなく、「社員の改善意欲や改善能力の開発・成長」なども期待しているからだ。

「会社にとっての効果」を求めるだけなら「アイデアと賞金の交換」という方法でいいだろう。だが、「意欲・能力の開発・成長」となると、「カネで釣る」というわけにはいかない。

ゆえに、改善の評価対象も「社員にとっての効果」を重視すべき。つまり、

＊ラクになった
＊やりやすくなった
＊安全になった
＊イライラしなくなった

――など、「社員にとってメリットのある改善」を大いに評価して、また、共有化の対象とすべきだ。

もちろん、社員が「自分にとっての改善」に取り組んでくれれば、その結果として、会社にも利益をもたらす。

だが、それはあくまでも「結果」としての「副産物」であり、けっして、「第一目的・主目的」ではない。

改善の**効果・効用・利益・価値**には

＊**会社**にとっての**メリット**

＊**社員**にとっての**メリット**

の「両面」がある。

社員の「改善意欲・能力」を期待する
「日本型・改善制度」では、まず

社員にとっての**メリット**

を重視すべきである。

評価も**社員にとっての効果**を重視。

＊ラクになった
＊やりやすくなった
＊安全になった
＊イライラしなくなった――など

社員にとって**メリット**ある**改善**を
大いに評価し、**共有化の対象**とすべし。

社員が**自分**のための**改善**に取り組めば、
会社にも利益をもたらす。だが、それは
結果としての副産物である。

改善の**主目的**は、あくまでも
自分のため＝**社員**のメリットである。

あとがき

本書は、業務改善の専門誌『創意とくふう』誌の連載「改善基礎講座①〜⑦」の記事を加筆・編集したものである。また、その「改善基礎講座①〜⑦」は「DVD教材・改善基礎講座」の「前半部分」を活字化したものである。

もちろん、「後半部分」も、追って、本書の続編（改善基礎講座⑨〜⑮）として出版を予定している。

☆

「DVD教材・改善基礎講座」は204〜205頁の「内容目次」の如く、約4時間にわたり、改善活動の「しくみ・しかけ・しそう」を大量のパワー・ポイント画面を高速で展開しながら解説・説明している。

「DVD教材」と「書籍・テキスト」には、それぞれに「長所・短所」、あるいは「強み・弱み」がある。たとえば、「DVD教材」の「長所・強み」は、

①「多量画面」の高速展開による「引きつけ力」

②「視覚」と「聴覚」の両面による「わかりやすさ」

③「講師」が直接、話しかけによる「親近性」

――などだろう。

一方、「短所・弱み」としては、

①「再生機材」が必要。

②「受け身」である。

③「高額」である（テキストと比較して）。
そして、それらの「裏返し」が「書籍・テキスト」の「長所・強み」となっている。つまり、
①「機材・不要」ゆえ、どこでも、スグ読める。
②「能動的」である。
③「安価」である（「DVD教材」と比較して）。
一方、テキストの「短所・弱み」は、「DVD教材」と比較すると、
①「文字＋イラスト」なので、「動画」よりは、インパクトが弱い。
②「文字＋イラスト」なので、「動画」よりは、わかりにくい。
③「筆者」の「肉声・表情・迫力」が伝わらない。

☆

それらを、状況に応じて、

＊「使い分ける」

＊「組み合わせる」

のが「改善的な対処」である。

たとえば、「多人数の社員」に短時間で、最低限の「知識・ノウハウ」を提供し、改善に関する「共通認識」の形成を図るには、「大型スクリーン」による「DVD視聴・研修」が手っとり早い。

一方、社員それぞれの「考える力＝工夫する力＝改善力」の増強を図るには、本書をじっくり読んでもらうことが勧められる。

著者紹介

東澤 文二(とうざわ　ぶんじ)
日本ＨＲ協会KAIZEN事業部hr-touzawa@nifty.com
改善の専門誌「創意とくふう」誌を通じて、約30年間、
主要企業の「改善活動」および多数の「改善事例」を研究。
最も簡単で、最も分かり易く、最も効果的な「改善ノウハウ」に体系化。
その成果は、研修受講企業における「改善活性化の実績」で充分に実証済。

【著書】
「改善・基礎講座」「改善・応用講座」「改善・上級講座」（産業能率大学出版部）
「強い会社をつくる業務改善」、「業務改善の急所」（明日香出版）
「改善のやり方が面白いほど身につく本」（中経出版）「マンガ改善」（講談社文庫）
「仕事の改善ルール」「ビジネス改善の技法」「改善ＯＪＴハンドブックJ（ＰＨＰ研究所）
「改善のはなし」「改善・提案３部作」手っとり早い改善ノウハウ３部作」
「こうすれば仕事の改善ができる３部作」「改善２面相のＱ＆Ａ－発解答」
「改善の指導は事例に始まる」「対訳テキスト：Quick and Easy Kaizen」（日刊工業新聞社）
「図解・仕事のカイゼン」（日本実業出版）「KAIZENマネジメント」（共著・産業能率大学出版部）
【外国語版・テキスト】
「Quick and Easy KAIZEN」（英語共著・PCS Press）
「改善・提案」３部作シリーズ（英語・中国語・韓国語）
「こうすれば仕事のカイゼンができる」３部作シリーズ（中国語・タイ語）
「改善のはなし」（中国語）「手っとり早い業務改善の急所」（韓国語）
【DVD＆ビデオ教材】
「改善・基礎講座」「改善・応用講座」
「事例研究編：製造業＆サービス販売業」（日本ＨＲ協会）
「業務改善セミナー・実況版」（日本経営合理化協会）
「小さなカイゼン・大きな効果」「改善20面相の改善相談」（日刊工業新聞社）

「日本ＨＲ協会」では、改善活動の促進・推進のため下記を提供している
＊「全国改善提案実績調査レポート」（毎年、主要企業の実績データを集計・分析）
＊改善の専門誌「創意とくふう」編集・発行
＊改善の「テキスト」／「ポスター」／「カード」／「ＤＶＤ教材」などの制作
＊「公開・改善セミナー」／「改善発表会」／「改善研究会」など主要都市にて開催
＊「企業内・改善研修」／改善制度の導入・運営・研修に関する助言・指導・コンサルト

改善基礎講座
—手間をかけず、カネをかけず、知恵を出す改善ノウハウ—　〈検印廃止〉

著　者　東澤　文二
発行者　飯島　聡也
発行所　産業能率大学出版部
東京都世田谷区等々力 6-39-15　〒 158-8630
（電話）03（6432）2536
（FAX）03（6432）2537
（振替口座）00100-2-112912

2009 年 4 月 10 日　初版 1 刷発行
2017 年 11 月 30 日　15 刷発行

印刷所／渡辺印刷　製本所／協栄製本

（落丁・乱丁本はお取り替えいたします）　ISBN 978-4-382-05606-0